Lo que (no) ocurrirá mañana.

Trascendiendo los límites de la zona de confort

Lo que (no) ocurrirá mañana.

Trascendiendo los límites de la zona de confort

Carla Cupillar Faure

Círculo Rojo
EDITORIAL

Primera edición: Febrero 2024
Segunda edición: Julio 2024

Depósito legal: AL 27-2024

ISBN: 978-84-1061-390-4

Impresión y encuadernación: Editorial Círculo Rojo

© Del texto: Carla Cupillar Faure
© Maquetación y diseño: Equipo de Editorial Círculo Rojo
Editorial Círculo Rojo

www.editorialcirculorojo.com
info@editorialcirculorojo.com

Impreso en España — Printed in Spain

El papel utilizado para imprimir este libro es 100% libre de cloro y por tanto, **ecológico**.

Índice

A Lidia.

PRÓLOGO

Este libro que tiene usted en sus manos es una seria y contundente invitación al cambio, a que tomemos las riendas de nuestras vidas y nos lancemos a un viaje de autoexploración y autodescubrimiento, un viaje que se terminará convirtiendo en un proceso de transformación interna que nos llevará a cuestionar nuestras creencias arraigadas y a enfrentar verdades que, quizás por temor o por comodidad, hemos evitado.

Por supuesto, no es mi intención desvelar en exceso nada de lo que podrá leer a continuación, pero sí que me gustaría lanzar algunas ideas, a modo de introducción, que fui anotando durante la lectura atenta de esta obra y que guardan relación con algunos temas en los que he trabajado.

Como verá en breve, Carla Cupillar Faure le da mucha importancia a algo que, curiosamente, fue, y sigue siendo, un extraordinario mecanismo evolutivo: el miedo. En efecto, esta emoción primordial ha jugado un papel crucial en la adaptación y la supervivencia de nuestra especie —y de otras, ojo—, al funcionar como un sistema de alarma biológico que nos prepara para reaccionar frente a peligros potenciales. Cuando nuestros antepasados se encontraban con una amenaza, como un depredador, el miedo desencadenaba una cascada de respuestas fisiológicas y conductuales conocidas colectivamente como la respuesta de lucha o huida. Este mecanismo no solo ayudó a nuestros ancestros a sobrevivir en entornos hostiles, sino que también ha influido en el desarrollo social y cultural. El miedo a lo desconocido o a los extraños, por ejemplo, puede haber fomentado la formación de grupos sociales estrechos y la cooperación, aspectos esenciales para la supervivencia en tiempos antiguos... y en la actualidad, claro está.

En el mundo moderno, este mecanismo sigue siendo una parte fundamental de nuestra psique. A menudo se manifiesta en forma de temores más abstractos o psicológicos, como el miedo al fracaso, al rechazo o a lo incierto. Estos miedos son motivadores, impulsándonos a evitar situaciones peligrosas o perjudiciales, pero también son paralizantes. Y ese es el problema: como verá, para esta autora, el miedo a lo desconocido y al cambio puede crear una prisión invisible que limita nuestro crecimiento. Esa prisión, como verá también, es la famosa «zona de confort», nuestro micromundo seguro y estable en el que nos sentimos a salvo, pero también una barrera que limita la expansión personal y profesional.

Así, la idea principal de esta obra es la necesidad de tomar conciencia de esta cárcel autoimpuesta y aceptada confrontando nuestras propias creencias limitantes y el temor al fracaso, uno de los principales impedimentos para el cambio. Eso es lo que la autora denomina, de forma muy acertada, «lo que te está impidiendo avanzar».

Por eso, porque todo esto forma parte de nuestro yo más interno, la solución a la herida, la cura, pasa por fortalecer nuestra autoestima, por aprender a querernos a nosotros mismos. Y claro, esto conduce a un trabajo tan complicado como necesario: el autodescubrimiento, el viaje hacia nuestros mundos interiores, donde se alojan gran parte de los males que nos conducen a la autocomplacencia, la parálisis y el conformismo; pero también están allí la solución y el camino de salvación, pues solo así, encontrándonos con nuestra verdadera esencia y sacando a la luz nuestros demonios, podremos construir una vida más sana, feliz y productiva.

No en vano, esto del autoconocimiento es un tema que ha recorrido de forma transversal la historia del pensamiento humano desde la más remota antigüedad. Sócrates, por ejemplo, tomó conciencia de cuál era el camino a seguir para adquirir la verdadera sabiduría tras visitar el oráculo de Delfos y leer una enigmática frase que estaba inscrita en un friso del templo de Apolo que allí había: «Conócete a ti mismo».

Veinticinco siglos después, Carl Jung enfatizó la importancia de enfrentar nuestra «sombra» interna para lograr una comprensión completa de nosotros mismos. Se refería a aquellos aspectos de la personalidad que una persona rechaza o ignora, a menudo inconscientemente: impulsos, deseos, debilidades o incluso talentos que no se reconocen. La sombra puede contener elementos tanto negativos como positivos, y su integración es crucial para el desarrollo de un individuo. La confrontación y comprensión de la propia sombra es un paso fundamental hacia el crecimiento personal y la autorrealización, temas centrales en esta obra.

Pero la introspección no es solo un acto de reflexión, sino una invitación al cambio y al compromiso. Explorar los rincones más profundos de su ser lleva a comprender que el verdadero desarrollo comienza desde dentro.

Por ese motivo, *Lo que (no) ocurrirá mañana* es, en esencia, un llamado a la acción, un desafío para enfrentar nuestros miedos, cuestionar nuestras creencias y abrazar la incertidumbre como un catalizador de crecimiento. El libro no solo ofrece una ventana a nuestro interior, sino que también nos proporciona las herramientas para emprender un viaje hacia una vida más auténtica y satisfactoria. Con cada página, somos invitados a convertirnos en los arquitectos de nuestra propia existencia, a esculpir nuestro camino según nuestras aspiraciones más profundas. Este no es solo un libro; es un compañero en el viaje hacia nuestra propia transformación.

Buen camino.

Óscar Fábrega,
escritor e historia especializado en historia de las religiones.

Introducción

Lo que (no) ocurrirá mañana. Trascendiendo los límites de la zona de confort. Es posible que en este momento no tengas una comprensión completa de la primera parte del título, y eso está bien. Para llegar a esa comprensión, debes embarcarte en un fascinante viaje a través de un contenido que, con suerte, provocará al menos una profunda reflexión en ti. La respuesta que buscas reside al final de este libro. Mi esperanza es que, a medida que avances en tu lectura, experimentes transformaciones internas. Que, al llegar al final, te encuentres con un yo renovado, con una perspectiva ampliada y un entendimiento más profundo de lo que significan la autenticidad y la libertad.

Debo advertirte que es esencial que leas estas páginas de manera crítica antes de sumergirte en su contenido. Aunque los conceptos son herramientas útiles para expandir nuestro conocimiento, no representan la única verdad. La verdadera maestra es la experiencia en sí misma. No te insto a aceptar todo lo que leas aquí de manera ciega. Más bien, te animo a explorar y experimentar por ti mismo, siempre que sea posible y te sientas preparado. Solo a través de esta experimentación activa podrás determinar si la información que estás leyendo es valiosa y genuina para ti. Recuerda que, dependiendo de la etapa de la vida en la que te encuentres, es posible que te sientas resistente o incluso crítico ante esas ideas que leas que desafíen tu forma de pensar. Es normal que nos aferremos a nuestras creencias arraigadas, pero confía en tu intuición. En *Lo que (no) ocurrirá mañana*, te invito a sumergirte en un viaje de autoexploración y autodescubrimiento. Prepárate para abrir tu mente y aceptar verdades que quizás hayas evitado enfrentar. Este libro es un llamado a la acción, una invitación a cuestionar tus patrones mentales y a desmantelar las jaulas que has permitido que se construyan a tu alrededor.

¿Qué representa para ti la zona de confort? Tal vez todavía no hayas advertido la presencia de un miedo profundo a lo desconocido, un temor que se esconde en las sombras. Quizás este temor te está paralizando, impidiéndote ser auténticamente tú mismo. Quizás, te da miedo ir en busca de la vida que deseas y, como resultado, es posible que hayas aceptado una existencia que, en esencia, es una vida construida sobre cimientos artificiales. No te preocupes, no estás solo en esta lucha interna, millones de personas alrededor del mundo lo están. La verdad es que hay un delicado equilibrio entre la simplicidad y la complejidad del cambio en nuestras vidas. A menudo, cuando alguien expresa la posibilidad de un cambio significativo, es fácil que otros consideren que están simplificando demasiado la realidad. Sin embargo, la verdad subyacente es que el cambio, aunque no siempre sea fácil, es alcanzable para aquellos dispuestos a arriesgarse.

Si pudieras vivir el ayer de nuevo, ¿qué senderos elegirías recorrer? La respuesta se entreteje en la trama de experiencias acumuladas y lecciones aprendidas. La nostalgia se convierte en maestra, revelando las áreas de nuestras vidas donde la luz de la oportunidad podría haber brillado más intensamente si tan solo hubiéramos tenido el coraje de abrazar lo desconocido.

Como alguien me dijo una vez: «Ningún lugar está lejos».

Capítulo 1. *¿El umbral del cambio?*

En las profundidades de nuestra psique yace un poderoso instinto, una herencia evolutiva que ha perdurado a lo largo de incontables generaciones: el temor. Un miedo que, en sus orígenes, nos protegía de peligros inminentes, permitiendo a nuestros antepasados sobrevivir en un mundo hostil. Pero en el mundo moderno, este mismo instinto puede actuar como una prisión invisible, impidiéndonos explorar y crecer más allá de lo conocido. Este miedo a salir de la zona de confort es una paradoja intrigante que forma el núcleo de nuestra existencia, una contradicción que merece ser comprendida y desafiada. La zona de confort se convierte en un refugio familiar donde las rutinas diarias y las experiencias predecibles se entrelazan en una telaraña acogedora. Dentro de este espacio, la ansiedad se reduce y el estrés se atenúa, permitiéndonos deslizarnos a través de la vida con una sensación de estabilidad. Sin embargo, a medida que avanzamos, esta misma zona de confort que una vez nos proporcionó seguridad se convierte en una jaula invisible que restringe nuestro crecimiento.

El temor a salir de este territorio es más que un simple inconveniente psicológico; es un freno invisible que puede detener nuestras aspiraciones, limitar nuestros horizontes y aplazar nuestros sueños. Cuando nos enfrentamos a la perspectiva de un cambio significativo, nuestro cuerpo y mente a menudo reaccionan como si estuviéramos al borde de un precipicio. Las palmas sudorosas, el corazón acelerado y la mente inquieta son señales de un instinto arraigado que busca protegernos de lo desconocido.

No obstante, ¿no es irónico que precisamente en la frontera de lo desconocido resida el potencial para el crecimiento más profundo? Generalmente, nuestras mayores lecciones y logros emergen cuando nos aventuramos más allá de la familiaridad, cuando enfrentamos el miedo a lo incierto y abrazamos el cambio. Es como si el umbral de la alteración no solo representara el inicio de una nueva etapa, sino también el inicio de una transformación interior.

En el trasfondo de mi reflexión, busco compartir aquellos aspectos que a menudo resultan arduos de asimilar para el ser humano, marcados por las restricciones impuestas por las normas sociales que erigen jaulas en los patrones de pensamiento. Dichas jaulas se entrelazan con cada paso que damos, transformando nuestros más profundos anhelos en quimeras inalcanzables. ¿Qué sucede si decidimos sumergirnos en la comprensión profunda de nuestros pensamientos y comportamientos?

Para muchos, la creación de escenarios idílicos se erige como un pasatiempo predilecto, una fachada que encubre los verdaderos sueños que laten en lo más íntimo. En ocasiones, enfrentarse a uno mismo se revela como una tarea desalentadora. Se complica aún más cuando estás rodeado de personas que van a hacer todo lo posible por intentar convencerte de que el camino que pretendes seguir no es el correcto, y mucho menos el seguro. ¿Cómo podemos entonces liberarnos de las ataduras autoimpuestas y explorar la senda auténtica que anida en nuestro ser más profundo?

Es crucial considerar que la percepción de seguridad y confort varía de manera única en cada individuo. Vale la pena señalar que el entorno desempeña un papel fundamental en la formación de estos conceptos arraigados. La mayoría de la población activa opta por aferrarse a su propia perspectiva de la vida en lugar de ampliarla, como una forma de preservar su aparente «felicidad».

En numerosas ocasiones, esta supuesta felicidad se revela como una máscara, ya que, en términos generales, muchos confunden la verdadera felicidad con el simple confort. ¿Cómo podemos trascender la comodidad aparente y explorar las dimensiones más profundas de la auténtica realización personal? ¿Es acaso la búsqueda de seguridad una barrera que limita nuestro potencial de crecimiento y descubrimiento?

Con frecuencia, la sensación de confort no guarda semejanza con la verdadera felicidad; más bien, se trata de un pensamiento inconsciente que surge como resultado de la seguridad y la tranquilidad. Cuando experimentamos una sensación de seguridad en algún entorno, dirigimos nuestros esfuerzos hacia su preservación, resistiéndonos a asumir el riesgo que implica enfrentar nuestros propios temores.

Conscientes de que nuestros miedos son meros dictámenes que limitan nuestra cotidianidad, a menudo actuamos por inercia, sin adentrarnos en la verdadera raíz de su origen. Nos despertamos día tras día, posiblemente lamentándonos por nimiedades en nuestra existencia, deseando un cambio que parece imposible. Este cambio no está sujeto a tu trabajo, tu familia, tu pareja o tus amigos; recae, fundamentalmente, en ti mismo. Sin embargo, ¿qué sucede cuando nos vemos confrontados con estos desafíos? Optamos por mantener nuestra estabilidad mental en lugar de forjarla. Y al hablar de forjar, no me refiero a exteriorizar comportamientos o pensamientos, sino a incitar a nuestra mente a concebir de manera realista y eficaz, para luego llevar a cabo con determinación aquello que queremos alcanzar. Para la mayoría de los seres humanos, materializar su sueño más profundo parece prácticamente inalcanzable. Y es que, para lograr aquello que se anhela, es altamente probable que debas abandonar tu vida actual. Aunque pueda sonar metafórico, esta premisa es absolutamente tangible. Al perseguir una meta, es importante estar dispuesto a renunciar a la comodidad existente y tomar conciencia de que se generarán cambios significativos, algunos de los cuales pueden resultar desafiantes. Hablo en segunda persona porque cada paso que emprendas estará condicionado de manera única y exclusiva por tu voluntad y determinación.

¿Estás dispuesto a desafiar la inercia de la rutina y trascender los límites de tu zona de confort para perseguir aquello que realmente deseas? ¿Cómo enfrentarías los inevitables cambios que acompañan la búsqueda de tus sueños?

En las páginas que siguen, exploraremos las raíces de este miedo ancestral al cambio y cómo ha evolucionado en el contexto de nuestras vidas modernas. Desentrañaremos las complejidades de la psicología detrás de la zona de confort y cómo nuestras experiencias personales moldean nuestra relación con el cambio. Más importante aún, aprenderemos que salir de la zona de confort no significa abandonar la seguridad por completo; más bien, se trata de encontrar el equilibrio entre el crecimiento y la autenticidad. A través de la teoría psicológica, historias reales y ejercicios introspectivos, te invito a sumergirte en este viaje de autodescubrimiento y superación. Juntos, exploraremos las trampas de la comodidad, desafiaremos las creencias limitantes y te proporcionaré las herramientas que necesitas para trascender el umbral del cambio. Este libro no solo se trata de superar el miedo, sino de abrazar la oportunidad de transformarte en la versión más plena y empoderada de ti mismo. Así que, querido lector, prepárate para desafiar las barreras invisibles y explorar el territorio de lo desconocido. Tu viaje hacia un crecimiento personal significativo comienza aquí, en *Lo que (no) ocurrirá mañana*.

Capítulo 2. *Qué hay detrás del miedo*

En el vasto escenario de la psicología humana, el miedo al cambio emerge como un hilo que se entreteje en la complejidad de nuestras emociones y comportamientos. Este capítulo nos sumergirá en las profundidades de nuestra evolución como especie y en las huellas que las experiencias pasadas han dejado en nuestras mentes y corazones. A través de un viaje que abarca desde la psicología evolutiva hasta la espiritualidad, exploraremos cómo las raíces del miedo al cambio se entrelazan en los aspectos más profundos de nuestro ser.

Nuestra historia evolutiva ha dejado una marca profunda en nuestra psicología actual. En los albores de la humanidad, cuando enfrentábamos depredadores salvajes y entornos hostiles, el miedo al cambio se convirtió en un instinto vital. Nuestros antepasados aprendieron a evitar lo desconocido para garantizar su supervivencia. En este contexto, el miedo al cambio actuaba como una herramienta que los mantenía a salvo de situaciones que podrían amenazar sus vidas. Sin embargo, lo que una vez fue una defensa necesaria se ha transformado en una barrera que limita nuestra expansión.

La tranquilidad dentro de esta zona es una extensión de esta adaptación evolutiva. En un mundo donde la seguridad era un lujo raro, nuestros antepasados buscaron refugio en lo familiar y predecible, lo que se convirtió en un espacio donde podían relajarse y donde la ansiedad y el estrés disminuían. Sin embargo, esta misma demarcación que una vez brindó seguridad ahora se convierte en una prisión invisible que limita nuestras posibilidades. Nuestro cerebro, en su búsqueda de eficiencia, se adhiere a patrones familiares y se resiste a lo desconocido.

Desde una perspectiva espiritual, el miedo al cambio puede considerarse como una lucha entre el ego y el ser más profundo. La espiritualidad busca trascender las limitaciones del ego y abrazar una conexión más profunda con la vida. Sin embargo, el ego, que busca la seguridad y la identidad, a menudo se resiste al cambio, ya que amenaza su existencia misma. Este temor puede manifestarse como la resistencia del ego a soltar sus apegos y sumergirse en el flujo natural de la vida. Continuando en este viaje interior, es esencial comprender que el miedo arraigado en la zona de confort es más que una simple reacción ante lo desconocido; es una respuesta arraigada en la evolución. Como ya hemos comentado, a lo largo de milenios, nuestros antepasados aprendieron a asociar la seguridad con lo familiar, ya que lo desconocido conllevaba riesgos potenciales. Esta conexión profunda entre seguridad y familiaridad se ha transmitido a través de generaciones, moldeando la forma en que percibimos y respondemos al cambio en la actualidad.

Imagina por un momento a nuestro antiguo antepasado, viviendo en una cueva protegida. Cada sonido fuera de esa cueva podría ser una señal de peligro, un depredador acechando en la oscuridad. En ese entorno, el miedo era una herramienta de supervivencia. Sin embargo, en el mundo moderno, este mismo mecanismo a menudo se dispara en situaciones que no son amenazas reales, como presentarse ante un grupo de personas o enfrentar un nuevo desafío en el trabajo.

Ahora bien, en la era moderna, el temor ha evolucionado más allá de su papel primitivo. Se ha infiltrado en los pliegues de nuestras vidas cotidianas, adoptando nuevas formas relacionadas con el futuro incierto, el fracaso y el juicio social. A medida que exploramos y nos sumergimos en el fundamento subyacente del miedo, es crucial recordar que este no es un enemigo a derrotar, sino una parte acomodada en nosotros que busca protegernos. Al reconocer esta dualidad interna, podemos comenzar a dialogar con nuestro ego y comprender sus preocupaciones legítimas. Así como una conversación amable con un amigo puede disipar temores infundados, podemos aplicar un enfoque similar para calmar nuestra intranquilidad.

No obstante, cabe destacar también que nuestras experiencias pasadas dejan una marca indeleble en nuestra psicología. Si alguna vez enfrentamos rechazo, fracaso o trauma, esas vivencias pueden convertirse en puntos de referencia que moldean nuestra relación con lo desconocido. Los recuerdos dolorosos pueden generar una aversión más profunda al riesgo, ya que nuestro cerebro se esfuerza por evitar el dolor y la vulnerabilidad que experimentamos en el pasado. Estas veteranías se convierten en gafas a través de las cuales vemos y evaluamos cualquier cambio futuro. La paradoja es que, mientras la comodidad nos brinda seguridad y tranquilidad, también puede limitar nuestro crecimiento. Nuestra zona de confort se convierte en un lujoso encierro que nos mantiene en un estado perpetuo de estancamiento. La adaptación evolutiva que nos benefició en un momento se convierte en un lastre que nos impide evolucionar. El desafío reside en encontrar el equilibrio entre el confort y el crecimiento, reconocer cuándo la comodidad se convierte en limitación y abrazar la incertidumbre del cambio.

En este mismo contexto, el temor, aunque no siempre es un reflejo inmediato de peligro, provoca respuestas similares en nuestro cuerpo y mente que hace años atrás, desencadenando la cascada de hormonas del estrés y manteniéndonos en un estado de hipervigilancia constante. Desde la perspectiva de la psicología, el miedo se presenta como una respuesta natural y necesaria. Sin embargo, su intensidad y los patrones en los que se manifiesta pueden variar significativamente de una persona a otra. La psicología moderna explora cómo las experiencias pasadas, las creencias y la biología individual influyen en la forma en que percibimos y respondemos al temor. Algunos pueden haber desarrollado una relación compleja con esta emoción, experimentando ansiedad crónica o fobias debilitantes. Para otros, el miedo puede ser una fuente de motivación, impulsándolos hacia adelante en la búsqueda de superar obstáculos y lograr metas. La espiritualidad también arroja luz, ofreciendo enfoques que trascienden las respuestas biológicas y psicológicas. Desde esta perspectiva, el miedo es visto como una ilusión que surge de la desconexión con nuestra verdadera esencia. Se dice que el miedo es la antítesis del amor y la confianza, y que su raíz se encuentra en la identificación con el ego, que siempre busca protegerse y mantener el control. La espiritualidad propone que al trascender el ego y conectarnos con nuestra conciencia más elevada podemos liberarnos del dominio del miedo y abrazar la vida con valentía y aceptación.

El fundamento subyacente del miedo es multifacético. Como ya hemos comentado, se teje desde la herencia evolutiva de la supervivencia, se refleja en las complejidades de la psicología individual y se amplía en el territorio de la espiritualidad y el crecimiento personal. A medida que exploramos estas dimensiones, podemos empezar a comprender el miedo no solo como una limitación, sino como un maestro que nos guía hacia la autotrascendencia y la realización de nuestro potencial humano más elevado. En el umbral de lo desconocido, el temor puede ser un faro que nos señala oportunidades para expandir nuestra perspectiva, para superar nuestras limitaciones autoimpuestas y para abrazar la incertidumbre como un catalizador de crecimiento. Al explorar nuestras reacciones ante lo que nos asusta, podemos descubrir las historias que nos contamos a nosotros mismos, los patrones de pensamiento que nos mantienen cautivos y las creencias arraigadas que necesitan ser examinadas.

Hay que tener en cuenta que el viaje de enfrentar el temor no es un camino lineal ni exento de desafíos, pero es un camino que puede llevarnos a una profunda autorrealización y transformación. En el proceso, aprendemos a distanciarnos de la identificación con nuestras inseguridades y miedos, permitiéndonos conectarnos con una dimensión más profunda de nuestro ser, una que está arraigada en la fuerza y la compasión.

En este viaje, descubrirás que el miedo al cambio no es un obstáculo insuperable, sino más bien una oportunidad para crecer y expandir tus límites autoimpuestos. El proceso de trascender la zona de confort no significa negar al ego, sino más bien redefinir su papel en tu vida. A medida que integras nuevas experiencias y te permites soltar apegos, estás nutriendo tu ser más profundo y permitiendo que tu auténtico yo florezca.

Recuerda que cada paso, por pequeño que sea, es un logro. Así como un bebé aprende a caminar dando pequeños pasos titubeantes, también puedes avanzar hacia una vida más plena.

Capítulo 3. *¿Avanzar o estancarse?*

¿Cuántas veces has dedicado un instante a reflexionar sobre el significado del crecimiento en el tejido de tu existencia? ¿Has explorado las profundidades de tu desarrollo profesional y personal con la debida introspección, reconociendo las diversas formas en las que este concepto ha impregnado tu viaje? ¿O acaso el trajín diario ha eclipsado la importancia de estas consideraciones, relegando al olvido la trascendencia de tu evolución y transformación a lo largo del tiempo? Antes de sumergirte en estas líneas, te animo a tomarte un momento para reflexionar sobre las veces que has considerado un cambio, tanto en tu desarrollo profesional como en el ámbito personal. Piensa en esas ocasiones en las que has contemplado la posibilidad de modificar aspectos de tu vida y en las contradicciones que quizás te has impuesto a ti mismo como obstáculos en tu búsqueda de evolución. Imagina, por ejemplo, a alguien que desea emprender su propio negocio, pero tiene un fuerte temor al fracaso arraigado en su mente. Reconocer y enfrentar este miedo es esencial para su crecimiento personal. El primer paso es desarrollar una profunda autoconciencia, explorando las creencias limitantes que lo hacen dudar de sus habilidades empresariales; es decir, encontrar los motivos que lo están atando a donde está. Al cuestionar estas creencias y redefinir su autoimagen, comienza a desmantelar los obstáculos internos que lo han retenido. Recuerda que para dar respuesta a cualquier malestar o agonía debemos encontrar su origen. Solo de esta manera podemos comenzar a desmantelar aquello que nos mantiene cautivos en una emoción o sentimiento. Todo comportamiento y pensamiento actual tiene su origen en algún lugar, reflexiona sobre dónde comenzó todo y los motivos por los que has perpetuado esa idea.

A través del ejemplo anterior, se presenta la dicotomía: mientras alguien se sumerge en la introspección y el trabajo interno para superar su miedo al fracaso, también siente la presión de tomar medidas concretas para iniciar su negocio. Se encuentra en el dilema de equilibrar la necesidad de enfrentar sus obstáculos internos con la urgencia de tomar medidas externas para lograr su objetivo emprendedor.

La dicotomía del crecimiento personal es un concepto que se refiere a la tensión o dualidad que a menudo experimentamos al tratar de desarrollarnos y evolucionar como individuos. Esta dualidad se manifiesta en diferentes aspectos de nuestra vida y puede ser vista desde varios ángulos. Nos encontramos, por ejemplo, ante la adaptación y la autenticidad, cuyo significado se ve representado en ser auténtico y fiel a uno mismo, hecho que implica comprender quiénes somos, conocer nuestros valores y creencias y vivir de acuerdo a ellas. No obstante, también enfrentamos la presión de adaptarnos a las expectativas sociales y a menudo nos vemos en la dualidad de ser auténticos frente a adaptarnos para encajar. Por otra parte, el pasado y el futuro también entran en juego dentro de esta división, ya que muchas personas se aferran al pasado en exceso o, en cambio, se obsesionan con el futuro en lugar de vivir el presente de manera plena. El individualismo, a su vez, también puede presentarse en forma de división, pues la automejora y el autodescubrimiento son esenciales para crecer; no obstante, también es esencial reconocer la importancia de las relaciones interpersonales y cómo estas influyen en nuestro crecimiento personal. Este capítulo nos sumerge en el análisis de cómo la comodidad puede convertirse en una trampa y limitar nuestras oportunidades cuando estamos buscando avanzar.

El ser humano es una criatura de hábitos y rutinas arraigadas. Como ya hemos comentado, desde los inicios de la humanidad, hemos buscado la seguridad en la familiaridad, en lo predecible. La comodidad, en todas sus formas, nos susurra la promesa de un refugio ante el tumulto del mundo exterior. Es como un abrazo cálido que nos envuelve, un lugar en el que todo parece estar en su lugar, en perfecto equilibrio. Sin embargo, en esta aparente tranquilidad yace una paradoja fundamental del crecimiento personal: la comodidad puede convertirse en una trampa insidiosa que limita nuestras oportunidades y nos impide alcanzar el máximo potencial que yace en lo profundo de cada uno de nosotros.

Generalmente, anhelamos un cambio, pero, sin embargo, seguimos quedándonos donde estamos, atrapados en nuestra zona de confort, como mariposas que se aferran a su crisálida, temerosas de enfrentar el mundo exterior. A menudo, el miedo a lo desconocido y la comodidad de lo familiar nos impiden dar el paso necesario hacia una vida más enriquecedora y gratificante. Nos aferramos a trabajos que no nos satisfacen, a relaciones que nos limitan y a rutinas que nos adormecen, todo porque la incertidumbre y el riesgo parecen demasiado abrumadores. Sin embargo, la verdad es que el cambio, aunque aterrador, es la chispa que enciende la transformación personal y nos lleva hacia experiencias y logros que nunca habríamos imaginado. El cambio puede ser el catalizador que nos libera de las cadenas invisibles que nos atan a lo conocido y nos permite volar hacia lo desconocido, hacia nuestro verdadero potencial. Hay que tener en cuenta que la búsqueda constante de la comodidad se deriva de nuestra naturaleza humana, que busca minimizar los riesgos y asegurar la supervivencia. En este sentido, es comprensible que anhelemos situaciones familiares y predecibles, ya que nos brindan una sensación de control sobre nuestro entorno. En este refugio, nuestras preocupaciones y miedos parecen disiparse, y nos encontramos en un estado de calma aparentemente inquebrantable. No obstante, detrás de esta ilusión de seguridad yace la ironía de la paradoja: la búsqueda constante de la comodidad puede llevar al estancamiento, disfrazando su impacto a través de la monotonía que gradualmente se apodera de nuestras vidas.

Dentro de los límites acogedores de la amenidad, raramente nos vemos desafiados. Es en los momentos de desafío y enfrentamiento con lo desconocido donde crecemos y evolucionamos. La comodidad es como un espejismo que nos hace creer que estamos protegidos, cuando en realidad estamos perdiendo valiosas oportunidades para descubrir nuestras propias capacidades y limitaciones. Al evitar el desconocimiento, nos negamos la oportunidad de aprender, adaptarnos y expandir nuestros horizontes.

Podemos comparar la comodidad con una cárcel dorada, una prisión autoimpuesta en la que nuestros sueños quedan atrapados. Esta prisión es invisible a simple vista, ya que está construida con los ladrillos de nuestros propios temores y resistencias. Nuestros miedos, el fracaso y el juicio ajeno son los barrotes que sostienen esta estructura, limitando nuestro movimiento y nuestro desarrollo. ¿Cómo podemos escapar de esta paradoja? La respuesta yace en el coraje de enfrentar lo incierto. Al desafiar activamente nuestra zona de confort, comenzamos a desmantelar los barrotes invisibles de nuestra prisión interna. La incomodidad, lejos de ser un enemigo a evitar, se convierte en una aliada en nuestro viaje hacia el crecimiento. Es a través de la superación de obstáculos y la exploración de terrenos desconocidos que forjamos la resiliencia, la sabiduría y la confianza en nosotros mismos.

Para abrazar el crecimiento personal y liberarnos de las cadenas de la comodidad, debemos aceptar que el camino hacia adelante puede ser incierto y desafiante. Requiere valentía abrazar la incomodidad y la posibilidad del fracaso. En cada paso fuera de nuestra zona de confort, estamos recordándonos a nosotros mismos que somos seres capaces de adaptarse y transformarse.

En última instancia, la paradoja del crecimiento personal nos lleva a una elección fundamental: ¿permanecer en la seguridad aparente de la comodidad, o abrazar el viaje hacia lo desconocido en busca de nuestra realización más profunda? La comodidad puede ser un refugio temporal, pero solo en la exploración constante y el desafío de nuestros propios límites encontraremos un significado más profundo y una plenitud que trasciende las limitaciones autoimpuestas.

Recuerdo cuando conocí a Nico; él siempre había soñado con explorar el mundo desde que era un niño. Cuando veía documentales sobre lugares lejanos o leía libros de viajes, sentía una emoción abrumadora. Pero, a medida que crecía, sus sueños se veían constantemente frenados por un trabajo que no lo llenaba y su miedo a lo desconocido. Siempre había una razón para posponer sus planes de viaje: el trabajo, las obligaciones familiares o simplemente el miedo. Sin embargo, un día, algo cambió en él. Miró su vida y se dio cuenta de que había llegado a un punto muerto. Su trabajo era rutinario y carecía de emoción. Sabía que tenía que hacer algo al respecto, y esa chispa de determinación encendió su deseo de aventura.

Decidió dar un paso audaz: dejó su trabajo, vendió muchas de sus pertenencias y decidió recorrer Europa en bicicleta, trabajando unos días en cada país que visitaba para poder subsistir. La ansiedad y el miedo lo atormentaron en los días previos a su partida. ¿Qué pasaría si se encontraba solo en un continente desconocido, pedaleando largas distancias, acampando en lugares desconocidos o sin tener lo mínimo para poder vivir? Pero Nico sabía que tenía que enfrentar sus miedos si alguna vez quería vivir la vida que siempre había imaginado. Comenzó su viaje en Portugal y pedaleó a lo largo de la costa atlántica, pasando por pintorescos pueblos pesqueros y disfrutando de la brisa marina. A medida que avanzaba, se encontró con ciclistas locales y viajeros de todo el mundo que compartían su pasión por la aventura en bicicleta. Juntos, compartieron historias y consejos sobre las mejores rutas, trabajos de duración determinada y lugares para acampar. Nico recorrió España, Francia, Italia y otros países europeos, atravesando majestuosas montañas, visitando antiguas ciudades y disfrutando de la rica cultura y gastronomía de cada lugar. Cada día era una nueva experiencia y una oportunidad para superar sus miedos.A medida que ganaba resistencia física y confianza en sí mismo, se aventuró en rutas más desafiantes y remotas, explorando los Alpes suizos y los fiordos noruegos.

A lo largo de su viaje en bicicleta, Nico se enfrentó a desafíos inesperados: condiciones climáticas adversas, problemas mecánicos con su bicicleta y momentos de soledad en medio de la naturaleza. Pero cada obstáculo superado fortalecía su resolución y lo llevaba a nuevas alturas de confianza y autodescubrimiento. Además, comenzó a llevar un diario de viaje en su carpa cada noche, donde registraba sus pensamientos y reflexiones sobre la vida en la carretera.

Su viaje no solo lo llevó a descubrir la belleza de Europa, sino que también lo conectó con personas de diferentes culturas y trasfondos, ampliando su comprensión del mundo. Su historia inspiró a otros a seguir sus sueños de aventura y a atreverse a dejar atrás lo conocido en busca de algo más significativo.

Hoy en día, Nico continúa su viaje en bicicleta, explorando nuevos horizontes y compartiendo su pasión por la aventura y la libertad que encuentra en la carretera, hecho que me permitió, afortunadamente, conocerlo en un viaje en el que íbamos con la casa a cuestas. Pero también, a medida que profundizábamos en conversaciones íntimas, descubrí otra cara de la moneda. Él no era ajeno al dolor, al fracaso y a la incertidumbre. Había enfrentado obstáculos inmensos en su viaje hacia la realización de sus sueños. Cuando encontrábamos momentos de reflexión, compartía sus luchas internas, las noches en vela llenas de dudas y la constante búsqueda de autenticidad. Esta faceta más oscura de su viaje encarnaba la lucha interior que todos, en diferentes grados y contextos, enfrentamos en nuestra búsqueda de crecimiento personal.

Mi encuentro con él es el claro ejemplo de que el crecimiento no es un camino pavimentado de éxitos y alegrías constantes, sino una dicotomía de luces y sombras. Es abrazar la vitalidad y la pasión por la vida al mismo tiempo que se enfrentan el dolor y la incertidumbre con valentía. La huella que dejó en mí perdurará para siempre como un recordatorio de que, para alcanzar nuestros sueños, debemos abrazar esta dualidad y seguir adelante con determinación, sin importar los desafíos que encontremos en el camino. Su historia es un testimonio vivo de cómo enfrentar el miedo a lo desconocido puede abrir puertas a un crecimiento personal inimaginable y llevarnos a descubrir la verdadera riqueza de la vida más allá de querer mantener la estabilidad y seguridad.

Esta reflexión revela la profunda lección de que la transformación comienza contigo y nos anima a abrazar la idea de que el cambio, aunque no siempre sea fácil ni bonito, es posible. Nos recuerda que cada paso que damos en la dirección de una mejor versión de nosotros mismos vale la pena, sin importar cuán grande o pequeño sea. Y nos invita a superar las autoconvicciones limitantes que nos impiden avanzar hacia una vida más auténtica y satisfactoria. La idea de que las personas con responsabilidades familiares, como hijos o personas a su cargo, no pueden modificar por completo sus vidas de la noche a la mañana es un recordatorio importante de que el cambio puede tomar diferentes formas. No se trata necesariamente de una transformación radical, sino de adaptaciones y ajustes que se alineen con las circunstancias individuales. En muchos casos, las personas tienden a autoimponerse límites al persuadirse de que el cambio resulta inalcanzable debido a sus responsabilidades. No obstante, la introspección nos incita a cuestionar esta creencia al sugerir que, aunque no todo pueda ser alterado, siempre existe un espacio propicio para el crecimiento personal y la superación. Pequeños cambios pueden tener un impacto significativo en la vida de alguien.

Ten en cuenta que muchas personas navegan entre las olas inquietantes de la duda y la incertidumbre. Anhelan transformar aspectos cruciales de sus vidas, pero a menudo se quedan varadas en la comodidad aparente de la inacción. Como astillas de madera a la deriva en la marea, flotan entre la posibilidad y la renuncia, entre el deseo ardiente de cambio y el temor paralizante a lo desconocido.

En este mundo, abundan los soñadores atrapados en las redes de sus propias dudas, sin percatarse de que el reloj de la vida continúa su constante tictac. Sueños acariciados en algún momento yacen ahora en el rincón polvoriento de la memoria, esperando ser rescatados antes de que el último grano de arena caiga en el reloj de la oportunidad perdida. En cada uno de nosotros reside el poder de trascender la indecisión y deshacernos de las cadenas que atan nuestros anhelos. Las decisiones que tomamos, o dejamos de tomar, moldean el paisaje de nuestras vidas. Cada momento presente es una oportunidad disfrazada, esperando a ser desvelada por aquellos valientes dispuestos a desafiar la monotonía y abrazar la posibilidad de cambio. Aun en la penumbra de la incertidumbre, la luz de la esperanza arde con intensidad. Quienes han alcanzado la grandeza no han sido inmunes al miedo o la indecisión, sino que han encontrado el coraje para actuar a pesar de ellos. En el teatro de la vida, el escenario se ilumina con la actuación de aquellos que, enfrentando sus temores, han convertido sus sueños frustrados en epopeyas de realización personal. Así, en el vaivén de las aguas inciertas, recordemos que cada elección es un timón que podemos girar, cada día una página en blanco que podemos llenar con nuestras propias historias. No permitamos que la indecisión ahogue la sinfonía de nuestras posibilidades. Más allá de la duda, en la trama de nuestras acciones, yace la capacidad de esculpir nuestro destino y convertir nuestros sueños en una vibrante realidad.

Recuerda que dentro de la vastedad de tu mente, los miedos se entretejen como sombras inquietas, recordándote que el enemigo más formidable que enfrentas reside dentro de ti mismo.

Capítulo 4. *Lo que te está impidiendo avanzar*

En nuestra sociedad actual, es común encontrarse con situaciones en las que la apariencia de éxito material se valora mucho más que el bienestar emocional. La mayoría de las veces, la sociedad elogia a aquellos que tienen múltiples trabajos, que acumulan riqueza y que aparentemente tienen todo bajo control. Se aplaude la dedicación al trabajo y la capacidad de cumplir con las responsabilidades financieras y laborales. Sin embargo, en medio de esta búsqueda constante de la excelencia profesional y la acumulación de bienes, a menudo se pasa por alto algo esencial: la felicidad y la realización personal. Nadie se detiene a preguntar si las personas que están persiguiendo frenéticamente sus objetivos profesionales son realmente felices en su vida cotidiana. ¿Se están tomando el tiempo para disfrutar de las pequeñas cosas? ¿Están persiguiendo sus sueños y pasiones o simplemente siguen el camino que la sociedad considera «correcto»?

Tener, por ejemplo, dos trabajos puede ser una señal de determinación y esfuerzo, pero también puede ser un síntoma de estrés, agotamiento y la sensación de que se está perdiendo algo valioso. Las personas a menudo tienden a alabarte cuando sigues un camino convencional de éxito material, pero rara vez se preocupan por tu bienestar emocional o si estás persiguiendo tus verdaderos sueños y pasiones en la vida.

Por otra parte, y teniendo en cuenta que habrás pasado por momentos difíciles en los que tu autoestima se ha visto dañada, es probable que te sintieras como si estuvieras atrapado en un ciclo de complacencia y comportamiento por inercia. Esta dinámica puede ejercer un poderoso influjo sobre nuestras acciones y decisiones en la vida diaria. En momentos en que nuestra autoestima flaquea, a menudo buscamos la aprobación y validación de los demás de manera desmedida. Nos esforzamos por complacer a quienes nos rodean, ya que nuestra propia valoración interna se tambalea. En este estado de ánimo, nos sentimos inseguros acerca de nuestras propias opiniones y deseos, y tendemos a ceder ante las expectativas de los demás, incluso si eso significa ignorar nuestras propias necesidades. Esta búsqueda constante de aprobación externa y complacencia puede llevarnos a una especie de rutina automática en la que perdemos de vista nuestros objetivos personales y nuestras pasiones. Nos convertimos en actores en el escenario de la vida, representando roles que no necesariamente reflejan nuestra verdadera esencia.

Sin embargo, es esencial comprender que la autoestima puede ser fortalecida y cultivada. Trabajar en construir una autoimagen positiva y en reconocer nuestro propio valor nos permite romper este ciclo de complacencia. A medida que nuestra autoestima se fortalece, encontramos la confianza para tomar decisiones alineadas con nuestras auténticas necesidades en lugar de buscar la aprobación de los demás.

En el intrincado laberinto del crecimiento personal, nos encontramos con un desafío recurrente que actúa como una barrera aparentemente insuperable: los obstáculos, tanto internos como externos. Estos obstáculos son las sombras que se interponen entre nosotros y nuestro camino. En este capítulo, exploraremos en detalle los factores que dan forma a estas barreras, desentrañando las complejidades de los factores internos como la autoestima y las creencias limitantes, y los factores externos, que incluyen las presiones sociales y las expectativas impuestas por otros.

En el teatro de nuestras mentes, la autoestima y la autocrítica protagonizan un drama constante. La autoestima, esa evaluación subjetiva y profunda de nuestro propio valor, puede ser el impulso que nos lleva a abrazar el cambio o el lastre que nos mantiene anclados en la zona de confort. Una autoestima saludable nos permite abrazar oportunidades y superar los desafíos, mientras que una autoestima baja puede mantenernos cautivos en el miedo al fracaso y al rechazo. La autocrítica, esa voz interna que cuestiona nuestras acciones y decisiones, puede ser un obstáculo que mina nuestro propio progreso. Cuando nos encontramos atrapados en la espiral de la autocrítica, desestimamos nuestras capacidades y dudamos de nuestras elecciones. Estamos constantemente buscando la perfección, temerosos de cometer errores que puedan confirmar nuestras peores creencias sobre nosotros mismos.

Las creencias limitantes son las narrativas internas que moldean nuestras percepciones y decisiones. Pueden ser el eco de comentarios desalentadores que hemos escuchado a lo largo de nuestras vidas o conclusiones erróneas que hemos extraído de experiencias pasadas. Estas creencias limitantes actúan como filtros a través de los cuales vemos el mundo, dictando lo que creemos que es posible y lo que no. El poder de las creencias limitantes radica en su capacidad para mantenernos en la zona de confort. Nos susurran que no somos lo suficientemente buenos, lo suficientemente talentosos o lo suficientemente dignos para alcanzar nuestros objetivos. Nos convencen de que el cambio es peligroso y de que el *statu quo* es más seguro, incluso si no es satisfactorio.

Recuerdo a Olivia, una joven que había pasado los últimos cinco años en una relación tóxica con su expareja, Marcos. Durante ese tiempo, su autoestima había sido sistemáticamente minada por el comportamiento manipulador y crítico de Marcos. A pesar de tener un ardiente deseo de cambiar de residencia y dedicarse a actividades que realmente la apasionaban, la autodestrucción causada por su baja autoestima, en gran medida debido a la relación pasada, la había mantenido anclada en su vida anterior. Cuando Olivia estaba con Marcos, este la desalentaba constantemente y la hacía sentir que sus metas y sueños eran insignificantes. La autoestima de Olivia se desmoronó, y comenzó a creer que no merecía la felicidad que anhelaba. A menudo, dudaba de sus propias habilidades y sentía que no estaba a la altura de sus propios deseos.

Una de sus aspiraciones más profundas era mudarse a una nueva ciudad para comenzar de cero y explorar su pasión por el teatro. Además, deseaba unirse a un grupo de artistas locales para nutrir su creatividad. Sin embargo, su baja autoestima la convencía de que era inútil seguir sus pasiones, de que nunca podría tener éxito como artista y de que no merecía una vida más plena.

La relación tóxica de Olivia y su baja autoestima la mantenían atrapada en un ciclo de autodestrucción, impidiéndole perseguir sus verdaderos deseos. Superar su pasado y reconstruir su autoestima se convirtieron en pasos cruciales para que Olivia finalmente pudiera liberarse de las cadenas que la ataban y perseguir las metas y pasiones que tanto deseaba.

En otras ocasiones nos encontramos con la dolorosa realidad de que algunos de nuestros seres queridos, especialmente familiares, en su supuesta sabiduría y con la intención de protegernos, pueden minar insidiosamente nuestra autoestima. Estos familiares, imbuidos de una visión particular de la vida y el futuro que consideran cargada de experiencia y éxito, tienden a proyectar sus propios miedos y limitaciones sobre nosotros. A menudo, con la mejor de las intenciones, nos aconsejan que abandonemos nuestros sueños, nuestros deseos, y que sigamos un camino más convencional, porque, desde su perspectiva, parece más seguro y predecible. Este tipo de influencia, que parte de un lugar de amor y preocupación, puede ser profundamente perjudicial. La presión de estos familiares puede hacer que comencemos a dudar de nuestras propias capacidades y aspiraciones. A medida que internalizamos sus críticas y sus advertencias, nuestra autoestima se desgasta. Nos convencen de que no somos lo suficientemente fuertes, inteligentes o capaces para perseguir nuestros deseos. Nos etiquetan como «locos» por atrevernos a buscar un camino no convencional, sembrando semillas de duda que florecen en nuestra mente, ahogando nuestras ambiciones. Es una experiencia dolorosa que puede llevar a una vida de conformidad, donde dejamos de perseguir nuestros auténticos sueños. Nos conformamos con lo que se espera de nosotros en lugar de lo que deseamos. La autoestima debilitada se convierte en una barrera invisible que nos impide avanzar y alcanzar nuestro potencial completo.

Hay que recordar que, aunque estos familiares puedan tener buenas intenciones, es crucial proteger nuestra autoestima y mantener la fe en nosotros mismos. Reconocer la influencia tóxica y buscar apoyo en comunidades y amigos que respalden nuestros sueños puede ayudarnos a liberarnos de las cadenas de la conformidad impuestas por otros. Al final del día, debemos tener la valentía de perseguir nuestras pasiones y metas, incluso si eso significa desafiar las expectativas y visiones de quienes nos rodean. La verdadera realización personal a menudo proviene de seguir nuestro propio camino, independientemente de lo que otros puedan creer o desear para nosotros. Reconocer y enfrentar los obstáculos internos es esencial para no limitarnos. El primer paso es explorar nuestras creencias, evaluar nuestra autoestima, desafiar la autocrítica destructiva y analizar los supuestos buenos consejos; es decir, conocer de qué fuente provienen y con qué intención. Al cuestionar nuestras creencias limitantes y redefinir nuestra autoimagen, comenzamos a desmantelar los obstáculos internos que nos han retenido.

Por otro lado, en el escenario más amplio de la vida, las presiones sociales y las expectativas externas pueden ser obstáculos poderosos para nuestro crecimiento personal. La sociedad nos presenta una serie de estándares y normas que deben cumplirse para ser considerados exitosos o valiosos. Nos encontramos en una constante búsqueda de aprobación y validación, adaptando nuestras elecciones y acciones para encajar en estos moldes predefinidos.

Las expectativas de los demás, ya sea de familiares, amigos o pareja, también pueden actuar como cadenas invisibles. Nos sentimos obligados a seguir ciertas trayectorias de vida o tomar decisiones específicas para cumplir con las expectativas que otros tienen de nosotros. Estas expectativas pueden generar miedo al cambio, ya que tememos decepcionar a quienes nos rodean o enfrentar su desaprobación.

Persiste en mi memoria con una claridad asombrosa la ocasión en que retorné de uno de mis primeros viajes en solitario, aquel que llevaba esperando durante meses. Cabe destacar que le tengo pánico a volar, y era la primera vez que cogía un vuelo sola, por lo que estaba aterrada, pero con muchas ganas de superar ese temor. De manera fortuita, el destino dispuso que al día siguiente me aguardara la recogida de mi título de Psicología en la sede central de la ciudad en la que vivía. En la era digital, como en la mayoría de hogares modernos, nuestro grupo de WhatsApp familiar se convierte en el espacio virtual que reúne nuestras vivencias y anhelos. Ese día particular, envié la imagen de mi recién adquirido título, un pergamino que simbolizaba años de esfuerzo y dedicación. La respuesta, como un coro de voces que entona un himno de alabanza, se materializó en mensajes de admiración y aplausos digitales, resonando con un unísono «¡Qué orgullo!». Sin embargo, en medio de esa sinfonía de reconocimiento, una reflexión profunda se gestó en mi interior. Ninguno de los integrantes del grupo se tomó un instante para indagar si aquel viaje que acababa de concluir había impregnado mi vida de felicidad ni para aplaudir mi valentía a enfrentar uno de mis mayores temores. Pasaron por alto, o quizás olvidaron, lo que ya habían escuchado de mis labios en innumerables ocasiones: que la verdadera plenitud no puede ser encapsulada en un título académico y que la autenticidad de mi ser residía en la búsqueda de experiencias significativas y en la expansión constante de los límites de mi zona de confort.

En ese momento, mientras observaba el título brillando en mi pantalla y los emoticonos de aplausos se multiplicaban, experimenté una epifanía. No debemos permitir que las etiquetas y logros definan la magnitud de nuestra alegría. La auténtica felicidad se encuentra en los viajes del alma, en las experiencias que nos desafían y transforman y en la riqueza de la autenticidad. En la calidez de mi grupo familiar de WhatsApp, emergió una lección profunda y espiritual que resuena con la verdad de que la búsqueda de autenticidad y el coraje de enfrentar nuestros miedos son faros que iluminan el camino hacia la realización personal.

Esto es un recordatorio de que es fundamental establecer límites y tomar decisiones basadas en nuestras propias necesidades y deseos. Al hacerlo, podemos liberarnos de las presiones sociales y las expectativas externas que nos han estado sosteniendo. Esto implica un acto valiente de empoderamiento, donde nos afirmamos como individuos autónomos y capaces de definir nuestro propio camino.

Todavía recuerdo a Ana, una joven que siempre soñó con ser pintora, pero cuyos padres insistieron en que eligiera una carrera más «segura» y «rentable». Ana pasó años estudiando contabilidad y trabajando en una oficina, sintiendo que algo esencial le faltaba en la vida. Cada día, el peso de las expectativas externas la mantenía atrapada en una vida que no era suya. Sin embargo, un día, Ana se atrevió a romper estas cadenas. Comenzó a tomar clases de arte por las noches y, poco a poco, reavivó su pasión por la pintura.

Con el tiempo, tuvo el valor de renunciar a su trabajo y perseguir su verdadero sueño. Si bien el camino fue desafiante, Ana encontró una sensación de realización que nunca había experimentado antes. Al igual que Ana, todos tenemos nuestras propias luchas contra las expectativas externas. Las voces de amigos, familiares, sociedad e incluso medios de comunicación pueden tejer una red de presiones que nos mantienen en una zona de confort que, en última instancia, no nos pertenece. Para liberarnos de estas cadenas, es vital cultivar una relación sólida con nosotros mismos y reconocer que nuestras decisiones y deseos merecen respeto, por encima de cualquier circunstancia.

Otro claro ejemplo es cuando conocí a Juan, tenía una gran pasión por la música, hecho que lo llevó a enfrentar una resistencia considerable de su entorno. A medida que desarrollaba sus habilidades musicales, se encontró con la crítica y la incomodidad de su familia, quienes deseaban que siguiera una carrera más «estable». A pesar de las dificultades, Juan persistió y finalmente logró encontrar un equilibrio entre su amor por la música y sus responsabilidades. La clave aquí fue comunicar sus objetivos y demostrar que estaba tomando medidas concretas para alcanzarlos.

Al liberarnos de las expectativas externas, no solo estamos desafiando las convenciones sociales, sino que también estamos enviando un mensaje poderoso a nuestro interior. Estamos diciendo que nuestra felicidad y realización no deben depender de la aprobación de los demás. Esta actitud de empoderamiento nos permite asumir la responsabilidad de nuestras elecciones y tomar las riendas de nuestro destino. Es importante recordar que aquellos que siempre ceden en sus deseos para mantener la armonía con los demás a menudo desencadenan un conflicto interno. Liberarse de las expectativas a menudo no es un proceso fácil. Surge el miedo al rechazo y a la desaprobación de nuestro entorno. Es normal preguntarse si estamos tomando la decisión correcta al seguir un camino no convencional. Aquí es donde el autodescubrimiento cobra un papel fundamental. Reflexionar sobre quiénes somos en realidad y qué valores son los que realmente nos importan nos brinda la fuerza para enfrentar estas adversidades.

Si nos empoderamos al establecer límites y tomar decisiones que reflejen nuestras auténticas necesidades y deseos, será más fácil liberarnos de las presiones sociales y las expectativas impuestas por otros, lo que nos brindará la libertad de vivir de acuerdo con nuestras propias definiciones de éxito y felicidad. Los obstáculos internos y externos en el camino del crecimiento personal son reales y desafiantes, pero no son insuperables. A medida que nos adentramos en la exploración de nuestras creencias, autoestima y autocrítica, y nos liberamos de las expectativas impuestas por otros, nos acercamos a un sentido de autenticidad y libertad interior.

Enfrentar estos obstáculos no es un camino lineal ni sencillo, pero es un viaje que merece la pena emprender. A medida que desafiamos las voces internas y externas que nos mantienen en la zona de confort, creamos el espacio para el cambio y el crecimiento, por lo que estos obstáculos se convierten en oportunidades para un mayor autoconocimiento. A medida que identificamos y confrontamos los factores que nos impiden avanzar, abrimos la puerta a la posibilidad de un cambio significativo en nuestras vidas.

La clave está en el proceso. No es un camino que se recorra de la noche a la mañana, sino una jornada continua de autodescubrimiento y transformación. Es un compromiso con uno mismo, con la idea de que merecemos una vida que esté en alineación con nuestros verdaderos deseos y potencialidades, dentro de nuestras posibilidades.

Todos estos obstáculos en el camino son desafíos que podemos enfrentar y superar. La identificación de estos factores y el compromiso de abordarlos son los primeros pasos hacia una vida más significativa. Este viaje es un recordatorio constante de nuestra capacidad para transformarnos y evolucionar. Cada paso que damos hacia la superación de obstáculos nos acerca a una versión más auténtica de nosotros mismos. A medida que avanzamos, nos convertimos en los arquitectos de nuestra propia vida, capaces de moldear nuestro camino según nuestras aspiraciones.

Por último, estos obstáculos son simplemente parte del tejido de la experiencia humana. Cada desafío que enfrentamos nos ofrece una oportunidad de crecimiento y aprendizaje. Al abordar estos obstáculos con valentía y determinación, no solo expandimos nuestros límites, sino que también creamos una narrativa de resiliencia y transformación que nos acompaña a lo largo de nuestra vida.

Recuerda que en el escenario bullicioso de la vida, siempre nos rodean las voces de quienes opinan, aconsejan y critican. Pero ¿deberíamos dejar que esas voces definan nuestra senda? En la realidad de aquellos que desafían sus orígenes, el juicio externo se disuelve. Aquellos capaces de forjar su destino no se ven limitados por las expectativas ajenas, pues comprenden que la verdadera autoridad yace en la capacidad de esculpir su propio camino. En este efímero viaje, la clave no es lo que piensan los demás, sino el poder que concedemos a nuestras propias decisiones, convirtiendo nuestro origen en el prólogo de una historia que solo nosotros podemos narrar.

En el intento de procurar la felicidad de los demás, a veces olvidamos que sacrificar la propia alegría puede resultar en un precio demasiado alto que pagar por la armonía ajena.

Capítulo 5. ¿Por qué me pasa esto a mí?

Emma es una mujer atrapada en el laberinto de sus propias creencias limitantes. Para ella, sus persistentes sentimientos de apatía y resistencia a nuevas experiencias, así como su reluctancia a conocer gente nueva, están inextricablemente ligados a un trauma ocurrido hace años. En ese momento, una persona en quien ella confiaba profundamente la traicionó de manera dolorosa. Esta experiencia dejó una marca profunda en su psique y ha servido desde entonces como un punto de referencia para justificar sus comportamientos y actitudes actuales.

Emma se ha aferrado a esta narrativa de víctima, convencida de que su trauma pasado justifica su falta de motivación y su resistencia al cambio. Lo ve como un escudo protector que la mantiene en su zona de confort, alejándola de la posibilidad de enfrentar nuevas experiencias que podrían llevarla a un crecimiento personal significativo. A pesar de los esfuerzos bien intencionados de su terapeuta por ayudarla a comprender que el pasado, si bien influye, no debe convertirse en una justificación para estancarse, sigue atrapada en el ciclo de la monotonía que ha construido a su alrededor.

El desafío radica en ayudar a Emma a liberarse de las cadenas de la victimización y a reconocer su capacidad para cambiar y crecer más allá de su pasado. Si bien es válido que el trauma haya tenido un impacto en su vida, también es esencial que comprenda que su futuro no está predeterminado por ese evento.

En un mundo donde las historias personales se entrelazan con la narrativa colectiva, es difícil pasar por alto la presencia de aquellos que se aferran a la victimización como un escudo protector y a la consciencia limitada como su única verdad. Estas dos facetas de la experiencia humana se entrelazan de maneras complejas, creando una red de pensamientos y emociones que, con el tiempo, pueden convertirse en cadenas que impiden el florecimiento del individuo. La victimización es un fenómeno intrigante que ocurre cuando las personas se aferran a eventos pasados dolorosos y permiten que estos dicten su presente y futuro. Ya sea una traición, una pérdida o una experiencia traumática, la victimización arraiga sus raíces en los recuerdos dolorosos y en las emociones que los acompañan. Estas emociones, en lugar de ser procesadas y liberadas, son como piedras que cargamos en nuestras mochilas emocionales, volviéndose cada vez más pesadas con el tiempo.

Este proceso puede convertir a las personas en esclavas de su propia historia. Los eventos del pasado, aunque hayan ocurrido hace mucho tiempo, siguen ejerciendo su influencia a través de los patrones de pensamiento y comportamiento. Las heridas emocionales, si no se abordan adecuadamente, pueden fomentar creencias autolimitantes, erosionar la autoestima y distorsionar la percepción de la realidad.

La victimización se convierte en una excusa que justifica las decisiones y acciones presentes. Es un escudo que protege contra la responsabilidad personal y permite que el sufrimiento del pasado se perpetúe. En lugar de buscar formas de sanar y crecer, aquellos que se aferran a la victimización propagan un ciclo de dolor y resentimiento. Esta mentalidad también puede alimentar patrones de relación disfuncionales, ya que las heridas no resueltas pueden manifestarse en forma de expectativas poco realistas y comportamientos autodestructivos.

Por otro lado, existe una categoría de personas que parecen estar atrapadas en una jaula mental de consciencia limitada. Estas personas viven en un mundo construido por sus propias creencias y expectativas limitantes. Creen que solo hay una manera de ser feliz y que cualquier desviación de esta norma es inaceptable. Esta visión estrecha de la vida les impide considerar nuevas perspectivas y explorar posibilidades alternativas. Para estas personas, cualquier sugerencia de cambio o crecimiento les resulta amenazante. Derribar los muros de su jaula mental significaría enfrentar el miedo a lo desconocido y cuestionar las creencias que han sostenido durante tanto tiempo. Así, prefieren quedarse en su zona de confort, incluso si esta comodidad es ilusoria y limitante.

Sin embargo, es posible liberarse de las cadenas tanto de la victimización como de la consciencia limitada. La liberación comienza con la toma de consciencia y con el reconocimiento de los patrones dañinos que nos atan y restringen. Implica enfrentar el pasado con valentía y buscar la sanación a través del perdón, tanto hacia los demás como hacia uno mismo. Se trata de cuestionar las creencias limitantes y explorar nuevas formas de pensar y percibir el mundo. Por otra parte, también implica un compromiso con el autodescubrimiento y el crecimiento. Requiere la voluntad de aventurarse fuera de la zona de confort, abrazar la incertidumbre y abrirse a nuevas experiencias. A medida que soltamos las cadenas que nos atan, comenzamos a descubrir nuestro verdadero potencial y a vivir con autenticidad y plenitud.

La victimización y la consciencia limitada son dos caras de una misma moneda, que pueden mantener a las personas atrapadas en patrones dañinos y una percepción distorsionada de la realidad. Pregúntate qué pensamiento pasado te está atando donde estás y cómo has ido definiendo ese juicio como una justificación para no avanzar.

Sé que no es sencillo, de hecho, este proceso requiere un gran acto de coraje interior. Es una sucesión gradual que implica desafiar las creencias arraigadas y confrontar las emociones dolorosas que han sido relegadas al pasado. A menudo, este viaje hacia la liberación comienza con un cuestionamiento profundo de nuestras narrativas internas y la disposición de enfrentar la verdad, incluso cuando duele. Las personas atrapadas en la victimización pueden encontrarse en una trampa mental que les impide ver su poder personal. Reconocer que tenemos la capacidad de tomar decisiones conscientes y de cambiar nuestra perspectiva es el primer paso hacia la liberación. Al darse cuenta de que el pasado no define nuestro presente ni nuestro futuro, se abre la puerta a la curación y al crecimiento.

Por otro lado, la consciencia limitada puede ser desafiada a través de la expansión de nuestras experiencias y conocimientos. Es importante cuestionar nuestras creencias y considerar otras formas de ver el mundo. La práctica de la empatía y la apertura a nuevas perspectivas pueden derribar los muros de la jaula mental que nos ha mantenido prisioneros. La liberación de estas cadenas también requiere un enfoque constante en el autocuidado. A menudo, las personas atrapadas en la victimización o la consciencia limitada descuidan sus propias necesidades en favor de mantener sus patrones autodestructivos. Aprender a establecer límites saludables, practicar la autocompasión y buscar apoyo externo son pasos esenciales en este viaje.

Hay que reconocer que somos los protagonistas de nuestras vidas y que nuestras decisiones tienen un impacto directo en nuestro bienestar y en nuestras relaciones. Dejar atrás el papel de víctima implica asumir el control de nuestra propia narrativa y tomar medidas proactivas para crear la vida que deseamos.

Nora es una persona que solía priorizar las necesidades de los demás sobre las suyas propias. Siempre se encontraba emocionalmente agotada, ya que su enfoque constante en cuidar a los demás la dejaba sin energía para sí misma. Fue solo cuando Nora comenzó a dedicar tiempo a actividades que la recargaban emocionalmente, como practicar yoga y escribir en un diario, que pudo experimentar una transformación interna. A medida que aprendía a cuidarse a sí misma, encontró una mayor resistencia al miedo que la había mantenido prisionera en su zona de confort.

Establecer límites saludables es una parte vital de este proceso. Decir «no» cuando es necesario y respetar nuestro tiempo y espacio es un acto de amor propio que nos empodera para superar los obstáculos que nos impiden avanzar. Esto puede ser especialmente desafiante si hemos estado acostumbrados a complacer a los demás a expensas de nuestra propia felicidad. Pero al establecer límites claros, estamos comunicando nuestras necesidades de manera respetuosa y generando un entorno en el que nuestro crecimiento personal pueda florecer. A menudo, somos nuestros críticos más duros, y esto puede alimentar el miedo al cambio.

Javier siempre se sintió inadecuado en su trabajo, lo que lo llevó a evitar oportunidades de ascenso por miedo al fracaso. A medida que comenzó a practicar la autocompasión y a tratarse a sí mismo con la misma amabilidad que mostraría a un amigo, pudo liberarse de la parálisis que el miedo había generado en su vida. Reconocer que todos cometemos errores y que estos no definen nuestra valía nos permite avanzar con mayor confianza y determinación.

En este proceso, el apoyo externo también desempeña un papel crucial. Buscar ayuda de amigos, familiares, terapeutas o grupos de apoyo puede brindarnos diferentes perspectivas y herramientas para enfrentar nuestros miedos. Con frecuencia, compartir nuestras luchas con otros nos muestra que no estamos solos en esta travesía y nos proporciona un sentido de comunidad que puede impulsarnos a dar pasos audaces. Recuerda que la responsabilidad personal y afectiva es la clave que nos permite reclamar el control de nuestra propia historia.

Carlos solía culpar a su entorno y circunstancias por su falta de avance. Cuando finalmente reconoció que sus decisiones y acciones determinaban su camino, pudo romper el ciclo de estancamiento y comenzar a trazar un rumbo más gratificante. Asumir la responsabilidad personal no significa ignorar los desafíos externos, sino más bien empoderarnos para responder de manera consciente y proactiva.

La liberación de la victimización y la consciencia limitada requiere perseverancia y autenticidad para enfrentar las capas de creencias y emociones que han sido tejidas en nuestra psique a lo largo del tiempo. Sin embargo, es un viaje que vale la pena, ya que nos lleva hacia una vida llena de posibilidades, incluso aquellas que consideras imposibles.

Esta liberación nos permite vivir desde un lugar de autenticidad, honrando nuestras propias necesidades y deseos en lugar de ser definidos por las circunstancias del pasado o por limitaciones autoimpuestas. A medida que desafiamos la victimización y expandimos nuestra consciencia, nos abrimos al potencial ilimitado que reside dentro de cada uno de nosotros.

> *Recuerda, no eres lo que te hicieron. Eres la respuesta, la resiliencia, la fuerza que se alza después de las heridas y las adversidades. Tú eres la narrativa inquebrantable de tu propia historia, forjada en la capacidad de renacer y trascender las circunstancias que te rodean.*

Capítulo 6. ¿Soy realmente feliz?

Pedro se encuentra atrapado en una rutina que, aunque parece cómoda en la superficie, esconde una profunda insatisfacción. En su interior, sabe que se autoengaña creyendo que es feliz con su monótono trabajo, a pesar de que no recibe el respeto y reconocimiento que merece ni es lo que realmente quisiera hacer. Vive día a día en su barrio de toda la vida, rodeado de las mismas personas y repitiendo una y otra vez las mismas actividades en su tiempo libre. Este autoengaño es su refugio, una especie de capa protectora que le impide enfrentar la realidad de sus pensamientos más profundos. Tiene miedo de movilizar toda su vida, de desafiar las expectativas y tomar decisiones que podrían cambiar su destino. Pero en el fondo sabe que algo no está bien. Siente una inquietud constante, como si estuviera perdiendo la oportunidad de vivir una vida más plena.

Pedro lleva consigo un peso invisible, una carga emocional que lo mantiene atado a esta vida que él mismo ha construido. Le resulta más fácil seguir adelante con la fachada de la felicidad que se ha creado que afrontar la incertidumbre y el riesgo de cambiar. Sin embargo, en algún momento, la verdad se abrirá paso, y deberá confrontar sus temores y deseos más profundos. Quizás un día Pedro encuentre el coraje para dar el salto, para buscar la autenticidad y la felicidad que tanto anhela. En ese momento, su vida tomará un nuevo rumbo, y descubrirá que la verdadera felicidad solo se alcanza cuando se tiene la valentía de ser uno mismo y perseguir los sueños que yacen en lo más profundo del corazón.

En el laberinto de la experiencia humana, uno de los callejones más intrigantes y a menudo inexplorados es el del autoengaño. Como criaturas dotadas de una compleja gama de emociones y deseos, a veces nos encontramos en la encrucijada entre la realidad y nuestras propias percepciones distorsionadas. En este capítulo, exploraremos a fondo el fenómeno del autoengaño y cómo influye en nuestra relación con la zona de confort. Desde las razones subyacentes hasta las consecuencias inesperadas, nos aventuraremos en los recovecos de la mente y el corazón humano para comprender cómo nos engañamos a nosotros mismos y cómo podemos liberarnos de esta trampa emocional.

Si le preguntas a una persona si realmente es feliz, generalmente tardará unos segundos en darte la respuesta. Durante este tiempo, es probable que haga un resumen rápido de su vida para valorar aquello que tiene y aquello que desea. También, es bastante probable que te responda que sí, quizá porque realmente lo es, o quizá porque prefiere evitar indagar demasiado en aquello que no es de su agrado.

Este breve momento de reflexión revela mucho acerca de cómo nos relacionamos con nuestra propia felicidad y cómo el autoengaño puede entrelazarse en esta relación. A menudo, nuestras mentes están hábilmente programadas para protegernos de verdades incómodas. Si aceptamos que estamos realmente contentos con nuestras vidas, no hay necesidad de explorar las áreas en las que podríamos sentirnos insatisfechos. Aquí, en esta encrucijada, se encuentra el punto de partida del autoengaño. El autoengaño puede ser especialmente pronunciado cuando se trata de la zona de confort. Esta es una región emocional y mental en la que nos sentimos seguros y familiarizados. Es una zona donde la ansiedad y el estrés disminuyen, y donde nuestras rutinas y hábitos cotidianos nos proporcionan un sentido de estabilidad.

Sin embargo, también puede ser un lugar donde las aspiraciones y los deseos se estancan, donde nos conformamos con lo conocido en lugar de aventurarnos en lo desconocido.

El autoengaño entra en juego cuando nos convencemos a nosotros mismos de que la zona de confort es el único lugar en el que deberíamos estar. Aunque nuestros corazones pueden anhelar nuevas experiencias y desafíos, nuestras mentes tienden a crear argumentos convincentes en contra de abandonar lo conocido. Nos decimos a nosotros mismos que no necesitamos más, que lo que tenemos es suficiente, incluso si en lo profundo de nuestro ser anhelamos más de la vida. Esta mentalidad autoengañosa puede manifestarse de varias maneras. A veces, nos convencemos de que es demasiado tarde para cambiar o de que no somos lo suficientemente capaces para enfrentar nuevos caminos. En otras ocasiones, nos aferramos a excusas como la falta de tiempo, responsabilidades familiares e incluso problemas económicos, aunque realmente el dinero no sea estrictamente necesario para tomar otros rumbos. Esta narrativa se convierte en una barrera que nos impide crecer y expandirnos más allá de los límites autoimpuestos.

El autoengaño en relación con la zona de confort está estrechamente ligado al miedo a lo desconocido. Aunque nuestras mentes conscientes pueden anhelar cambios y novedades, nuestras mentes subconscientes a menudo buscan la seguridad. El miedo al fracaso, al rechazo o a lo desconocido puede ser paralizante, y el autoengaño actúa como un mecanismo de defensa para evitar enfrentar estos temores. Nos engañamos a nosotros mismos al minimizar el valor de la exploración y al exagerar los riesgos involucrados. Argumentamos que las posibilidades de éxito son escasas y que los beneficios no superan los inconvenientes. Esta narrativa autoimpuesta nos mantiene en una burbuja de comodidad, pero también nos impide perseguir oportunidades que podrían enriquecer nuestras vidas de formas inesperadas. Continuamos viviendo en el refugio familiar de lo conocido, creyendo que es el único lugar seguro en el vasto mundo exterior. El autoengaño nos hace creer que el cambio es un enemigo que amenaza nuestra tranquilidad, cuando en realidad es la llave que puede abrir las puertas hacia un crecimiento personal inimaginable. Pero ¿cómo rompemos este ciclo autodestructivo y abrazamos el potencial transformador de lo desconocido?

Imagina a alguien que siempre ha soñado con ser escritor, pero se convence a sí mismo de que no tiene tiempo suficiente o de que sus ideas carecen de originalidad. Esta persona está atrapada en la telaraña del autoengaño, donde su mente magnifica las dificultades y minimiza las posibilidades de éxito. En su mente, escribir un libro se convierte en una tarea titánica y arriesgada, cuando en realidad cada palabra escrita podría acercarla más a su sueño.

Otro ejemplo podría ser el temor a entablar nuevas relaciones. Alguien podría autoengañarse pensando que es mejor quedarse donde está y con quien está y evitar el rechazo o la decepción. Sin embargo, al hacerlo, están cerrando la puerta a amistades significativas o incluso a una relación amorosa que podría enriquecer sus vidas de maneras sorprendentes. Al igual que un pájaro en una jaula dorada, se aferran a lo familiar sin darse cuenta de que tienen las alas para volar.

La narrativa autoimpuesta también puede manifestarse en el ámbito laboral. Imagina a alguien que tiene una idea innovadora para su empresa, pero decide no presentarla debido al miedo al fracaso. En su mente, los posibles obstáculos y críticas eclipsan la emoción y el potencial de hacer una diferencia significativa en su trabajo y en la organización en su conjunto.

La buena noticia es que podemos romper este ciclo destructivo. Comienza por cuestionar tus propias creencias. Reflexiona sobre situaciones anteriores en las que el autoengaño te impidió aprovechar oportunidades y aprendizajes valiosos. Observa cómo distorsionaste los riesgos y minimizaste las recompensas. Luego, trabaja en cambiar tu perspectiva. En lugar de centrarte en lo que podrías perder, enfócate en lo que podrías ganar. Visualiza cómo sería tu vida si superaras tus temores y te aventuraras fuera de tu zona de confort. Permítete sentir la emoción y la satisfacción de lograr algo que nunca pensaste posible. Recuerda que el crecimiento personal y la superación de tus propios límites requieren valentía y perseverancia. A medida que te desafíes a ti mismo y te enfrentes a tus miedos, comenzarás a desmantelar la prisión del autoengaño. El proceso puede ser gradual, pero cada pequeño paso te llevará más cerca de una vida enriquecida por nuevas experiencias y oportunidades.

Recuerdo vívidamente el momento en el que conocí a Antonio. En aquel período de mi vida, estaba atrapada en una narrativa autoengañosa. Creía tenerlo todo bajo control porque tenía un empleo estable que me otorgaba tiempo libre y un sueldo que me permitía vivir dignamente. Cabe destacar que anteriormente había pasado unos cuantos meses sin trabajo, lidiando con la desesperación y sumida en problemas económicos y deudas. Esa autoilusión era mi refugio, una forma de negar la realidad que me había asaltado y en la que creía sentirme cómoda. Finalmente, cuando logré recuperarme de esa situación y mi vida parecía encauzarse, decidí emprender un viaje en solitario. Fue entonces cuando nuestras vidas se cruzaron en un albergue de un pequeño pueblo. Ese día resultó ser un desafío, ya que terminé en urgencias debido a un pequeño incidente, pero, afortunadamente, mi recuperación fue rápida. Esta experiencia sacudió mis expectativas y mis ánimos se vieron algo afectados.

Antonio apareció en escena al caer la noche y, al enterarse de mi situación, se ofreció a ayudarme en todo lo posible. Esto hizo que más tarde sostuviéramos una conversación que dejó una huella imborrable en mí. Mientras las otras 6 personas que pernoctaban también allí se encargaban de preparar la cena, tuvimos un momento a solas en el cual le expresé mi deseo de explorar el mundo, vivir nuevas experiencias y conocer diferentes culturas y personas. Sin embargo, al mismo tiempo, me esforzaba por convencerme de que no era el momento adecuado para hacerlo, ya que me había costado mucho conseguir un trabajo estable que me permitiera estar donde estaba en ese momento.

Fue entonces cuando Antonio compartió su historia conmigo: había dejado todo atrás para recorrer diversos lugares de España con su casa a cuestas, llevaba un mes caminando y planeaba extender su aventura por al menos otros dos meses antes de regresar a su ciudad natal, todo mientras planeaba su próxima hazaña. Antonio es un hombre separado con dos hijos que no superan los 7 años de edad. Está divorciado y tiene custodia compartida, aunque, de vez en cuando, realiza viajes en solitario acordados previamente con su exmujer.

Todos los días, sin falta, llama a sus hijos para explicarles sus aventuras. Él teletrabaja, por lo que solo necesita estar conectado unas 2-3 horas diarias, ya que pidió una reducción de jornada y tenía previsto más adelante dejar su trabajo actual y mudarse a otro país no muy lejano para poder ver a sus hijos con frecuencia.

En ese instante mientras lo escuchaba, me di cuenta de que no estaba satisfecha con mi vida. Mis aspiraciones personales eran diferentes a mi situación actual, y no estaba haciendo nada por cambiarlo. Y él era un testimonio vivo de lo que yo necesitaba en esos momentos; escucharlo me hizo ser consciente de que realmente podía cambiar el rumbo de mi vida, siempre y cuando no tuviera miedo y dejara la narrativa autoengañosa atrás. Antonio me animó a que persiguiera mis sueños sin excusarme tanto, convenciéndome de que todo es posible si tienes la determinación, fuerza y valentía suficientes. No solo me alentó ese día, sino que siguió haciéndolo tiempo después, esperando expectante saber mi decisión final. Su alegría, entusiasmo y pasión por la vida me dieron la fuerza que necesitaba para comenzar a cumplir gradualmente mismetas personales y profesionales.

Al día siguiente, caminamos juntos durante varios kilómetros, y la conversación continuó, permitiéndome expresar con mayor claridad lo que realmente sentía. Aunque fue la última vez que vi a Antonio en persona, ya que tomamos caminos distintos, su influencia sigue presente en mi vida. Su encuentro fue como un espejo que me mostró la realidad de mi autoengaño y me impulsó a tomar decisiones más alineadas con mis verdaderos deseos y metas.

Desde una perspectiva psicológica, este encuentro con Antonio fue un punto de inflexión en mi vida. Puso de manifiesto el autoengaño en el que estaba atrapada, una ilusión que me impedía avanzar hacia la realización de mis objetivos. La presencia de Antonio y su historia de valentía y aventura actuaron como un catalizador que me ayudó a superar las barreras que yo misma me había impuesto. Su influencia fue un recordatorio constante de que a veces, para crecer y encontrar la verdadera satisfacción en la vida, debemos confrontar nuestras autoilusiones y tomar decisiones audaces que nos lleven hacia nuestros auténticos deseos. Antonio se convirtió en un símbolo de la importancia de ser sincero contigo mismo y seguir tus sueños, incluso cuando eso signifique abandonar las comodidades del autoengaño. Su impacto perdura en mi mente y corazón, recordándome la valiosa lección que aprendí en ese encuentro fortuito.

Hay que tener en cuenta que el autoengaño en relación con la zona de confort es un fenómeno humano universal, alimentado por la interacción compleja entre nuestras aspiraciones y nuestros miedos. Nos engañamos a nosotros mismos para evitar enfrentar el miedo al cambio y a lo desconocido, aunque este engaño nos impida crecer y expandirnos. La clave para liberarnos de esta trampa emocional reside en la autoconciencia y la voluntad de enfrentar nuestras propias verdades incómodas, aunque duelan.

La autoconciencia nos permite reconocer cuándo nos estamos autoengañando y cuándo estamos permitiendo que nuestros miedos dominen nuestras decisiones. Al ser honestos con nosotros mismos sobre nuestras aspiraciones auténticas y nuestras preocupaciones, podemos tomar decisiones más informadas y valientes. La voluntad de enfrentar nuestras verdades incómodas implica aceptar la posibilidad de fracaso y explorar nuevos horizontes, incluso si inicialmente sentimos resistencia.

Aunque te pese, el autoengaño es una elección. Podemos elegir aferrarnos a las narrativas que nos mantienen en la zona de confort, o podemos elegir confrontar nuestros miedos y explorar nuevas avenidas. La elección implica riesgos, pero también ofrece la promesa de una vida más plena y satisfactoria. Al trascender los límites autoimpuestos de la zona de confort y desafiar el autoengaño, nos abrimos al florecimiento personal y a la realización de nuestro verdadero potencial.

El autoengaño es un fenómeno fascinante y complejo que todos experimentamos en ciertos momentos de nuestras vidas. Al explorar este tema a fondo, hemos descubierto cómo nuestras mentes pueden jugar trucos en nosotros para mantenernos en una sensación de seguridad aparente. Sin embargo, también hemos descubierto que podemos trascender estas barreras a través del coraje y la autenticidad.

La vida está llena de oportunidades para crecer, aprender y explorar. A través de pequeños pasos y decisiones valientes, podemos abrirnos camino hacia un territorio desconocido, donde nuestras verdaderas potencialidades nos esperan.

La próxima vez que te enfrentes a la pregunta de si eres realmente feliz, tómate un momento para reflexionar profundamente. Examina tus motivaciones y emociones. Pregúntate si estás permitiendo que el autoengaño te impida perseguir tus auténticos deseos. Recuerda que trascender la zona de confort y liberarte del autoengaño es un viaje valiente y gratificante. Al enfrentar tus miedos y desafiar tus propias narrativas, te abres a un mundo de posibilidades ilimitadas y a un sentido renovado de autenticidad y realización.

Dime, ¿admiras a la persona que ves frente al espejo? ¿Si tuvieras que aconsejar a alguien, le dirías que siguiera tu trayectoria vital? Si la respuesta es no, comienza a cuestionar por qué motivo no estás haciendo nada por cambiar.

Cuando tienes el coraje de decir adiós a las ilusiones que te atan en el autoengaño, la vida te premiará con la oportunidad de dar la bienvenida a un nuevo y más auténtico «hola» a ti mismo.

Capítulo 7. *Siento que no encajo*

Sara tenía una vida que, a primera vista, parecía envidiable. Una exitosa carrera en una firma de abogados, un matrimonio aparentemente feliz y un círculo social vibrante. Sin embargo, bajo la fachada de éxito, sus deseos reales se habían perdido en el tumulto de las expectativas ajenas. Desde niña, había soñado con convertirse en una artista talentosa y expresar su creatividad de maneras únicas. Pero conforme crecía, la presión de encajar en una sociedad que valoraba la estabilidad financiera y el reconocimiento social la había llevado a sacrificar sus aspiraciones artísticas en aras de una carrera más convencional. Ahora, en medio de sus logros profesionales, Sara se encontraba preguntándose si alguna vez sería capaz de reconciliar sus deseos reales con la vida que había construido, incluso en sus relaciones de amistad. Sus amigos, en su mayoría, compartían intereses y valores más alineados con la tradición, lo que a menudo la hacía sentirse incomprendida y apartada cuando intentaba expresar su pasión por el arte. Su historia es un punto de partida para explorar la compleja danza entre nuestros anhelos internos y la necesidad de encajar en el mundo que nos rodea.

En tapiz de la experiencia humana, la búsqueda de autenticidad y pertenencia puede ser un viaje tumultuoso. El capítulo de la vida titulado «Siento que no encajo» es una exploración profunda de cómo nuestras aspiraciones internas a menudo colisionan con la necesidad de encajar y mantener conexiones con el mundo exterior. A través de las siguientes palabras, sumergiremos nuestras mentes en las aguas turbias de la dualidad interior, desentrañando cómo anhelamos pertenecer mientras escuchamos los susurros de nuestros deseos reales.

En muchas ocasiones habrás sentido que no encajas en tu entorno; de hecho, es probable que te hayas visualizado a ti mismo en otro lugar, con otras personas y en otras circunstancias. Esta inquietante sensación es como un eco interno que a menudo se hace eco en los momentos más tranquilos de nuestras vidas. Es como si estuviéramos destinados a estar en una línea paralela a la de aquellos que nos rodean, observando sus vidas como un espectador en lugar de un participante activo. En esta búsqueda por encajar, a menudo nos encontramos aceptando compromisos que no están alineados con nuestros verdaderos deseos. En nuestras relaciones, trabajos y actividades diarias, a menudo sacrificamos una parte de nosotros mismos para mantener una conexión con aquellos de nuestro alrededor. Esta búsqueda de encajar puede llevarnos a una dicotomía interior: ¿cómo equilibramos el deseo de conexión con el anhelo de autenticidad? La dualidad se profundiza cuando consideramos cómo interactuamos con amigos, pareja y familiares que parecen tener aspiraciones y deseos que difieren de los nuestros. En estas relaciones, podemos sentir que nuestras percepciones sobre la realidad, nuestras metas y nuestros anhelos están en desacuerdo. A pesar de estas diferencias, a menudo optamos por mantener estas conexiones debido a la comodidad y la estabilidad que proporcionan en nuestras vidas.

El autoengaño es un compañero constante en este viaje de encajar. Al abrazar la compañía de aquellos cuyas perspectivas no coinciden con las nuestras, corremos el riesgo de perder de vista nuestras propias necesidades y deseos. Nos encontramos participando en pensamientos y conversaciones que no resuenan con nosotros, y antes de que lo sepamos nos encontramos atrapados en una trampa mental que limita nuestro crecimiento.

A menudo, el autoengaño nos lleva a creer que no hay posibilidades fuera de nuestro entorno actual. Nos convencemos de que las personas que actualmente nos rodean son las únicas que pueden llenar ciertos roles en nuestras vidas. Sin embargo, este pensamiento es un velo que oscurece la verdad: que existe un mundo lleno de individuos cuyos pensamientos e ideas se asemejan a los nuestros. La posibilidad de liberarnos de la trampa del autoengaño y trascender la dualidad interior está al alcance de nuestra mano, pero requerirá un viaje de valentía. Para encajar con nuestros deseos reales, debemos desenredar los nudos que nos atan al conformismo, al cual estamos tan acostumbrados. Este viaje comienza con la autoconciencia. Tomarnos el tiempo para reflexionar sobre nuestras aspiraciones y metas nos permite alinear nuestras acciones con nuestros deseos internos. Este proceso requiere un alto nivel de honestidad, ya que debemos enfrentar nuestras creencias autoimpuestas y desafiar los pensamientos limitantes.

Una vez que hemos comenzado a desentrañar el autoengaño y a conectar con nuestros deseos reales, el siguiente paso es expandir nuestro círculo social para incluir a aquellos que estén en sintonía con nuestra autenticidad. Esto no significa necesariamente cortar vínculos con aquellos que no comparten nuestras aspiraciones, sino más bien buscar conexiones nuevas que nos inspiren y desafíen de maneras que respalden nuestro crecimiento. La expansión de nuestro círculo social también requiere un esfuerzo activo para salir de nuestra zona de confort. Puede implicar enfrentar el miedo a lo desconocido y acercarse a personas que, en un primer vistazo, parecen diferentes a nosotros. Sin embargo, este esfuerzo puede ser gratificante a medida que descubrimos que existen individuos fuera de nuestro entorno actual que comparten nuestras perspectivas.

Piensa en cuántas veces has evitado asistir a un evento social solo porque no conocías a muchas personas allí. Tu mente te convencía de que sería incómodo y de que no tendrías nada en común con los demás. Sin embargo, cuando finalmente te decidiste a ir, te diste cuenta de que había personas con intereses similares y con historias fascinantes por compartir. Ese paso inicial fuera de tu zona de confort te llevó a establecer conexiones significativas que de otra manera habrías perdido. Enfrentar el miedo a lo desconocido también es fundamental cuando se trata de perseguir metas profesionales o creativas. Puede que hayas soñado con cambiar de carrera, lanzar tu propio negocio o aprender una nueva habilidad, pero el autoengaño te ha convencido de que es demasiado riesgoso o difícil. Sin embargo, cuando te atreves a dar el salto y te comprometes a aprender y crecer, descubres que cada pequeño paso en esa dirección te impulsa más cerca de tus objetivos.

Recuerda la vez que pensaste que no estabas lo suficientemente preparado para una oportunidad laboral y casi la dejaste pasar. Después de luchar contra esa voz interna de duda, decidiste postularte y, para tu sorpresa, te dieron la oportunidad. Eso demostró que tu autoengaño estaba subestimando tus habilidades y potencial. A medida que enfrentas el desafío, te das cuenta de que tienes la capacidad de aprender y adaptarte, lo que te abre puertas que nunca antes habías imaginado.

La clave está en cambiar la perspectiva desde la cual evaluamos el riesgo y el beneficio. Al enfrentar el miedo al cambio y al esforzarnos por salir de nuestra zona de confort, comenzamos a internalizar un mensaje crucial: la incertidumbre y el cambio son oportunidades disfrazadas. Cada vez que decidimos tomar una decisión audaz, estamos construyendo un puente hacia un futuro más pleno. Al continuar desafiándonos a nosotros mismos, podemos romper el ciclo del autoengaño y abrazar la vida con una mente abierta y un corazón valiente. No se trata solo de salir de la zona de confort por el simple hecho de hacerlo, sino de comprender que cada paso que damos nos acerca a una versión más vibrante de nosotros mismos. A medida que te sumerges en el proceso de autoexploración y crecimiento, te sorprenderás al descubrir la fortaleza y la resiliencia que yacen en lo profundo de tu ser, listas para guiarte hacia un mundo de posibilidades infinitas.

La autenticidad también es clave para atraer conexiones significativas. Al ser fieles a nosotros mismos y compartir nuestras perspectivas y deseos, atraemos a personas que nos apoyan en nuestro crecimiento. Estas conexiones auténticas pueden ser una fuente de inspiración, aliento y apoyo mientras avanzamos hacia encajar con lo que verdaderamente deseamos y merecemos.

En la travesía de la vida, nos encontramos a menudo inmersos en la vorágine de esfuerzos y dedicación, canalizando nuestra energía hacia metas y personas que consideramos cruciales en nuestro camino. ¿Cuántas veces has experimentado la sensación de haber depositado todo tu empeño en alguien solo para descubrir que el progreso se mantiene esquivo? Es un dilema con el que muchos nos enfrentamos, una encrucijada que nos invita a reflexionar sobre la esencia misma de nuestras acciones. Puede resultar desalentador ver cómo, a pesar de nuestros mejores esfuerzos, la sensación de estancamiento con otras personas persiste. Sin embargo, quizás la clave para desentrañar este enigma radica en comprender la importancia del entorno que nos rodea. En la vida, no solo se trata de la magnitud de nuestra entrega, sino también de la sinfonía entre nuestros esfuerzos y el ambiente en el que habitamos. Así como una planta florece en un suelo fértil y bien iluminado, nosotros prosperamos en el contexto adecuado. Es imperativo preguntarnos si estamos cultivando nuestras aspiraciones en un terreno propicio, si estamos rodeados de las condiciones que propician nuestro florecimiento.

El ambiente adecuado va más allá de las circunstancias externas; se trata también de la mentalidad que cultivamos y de las personas que elegimos tener a nuestro alrededor. ¿Estamos rodeados de inspiración, de apoyo y de desafíos constructivos? La respuesta a estas preguntas puede ser la clave para entender por qué a veces, a pesar de nuestros esfuerzos titánicos, sentimos que el progreso se mantiene estático. No se trata solo de trabajar arduamente, sino de hacerlo de manera inteligente, canalizando nuestras energías hacia direcciones que resuenen con nuestra verdadera naturaleza. Evaluar el ambiente que nos rodea, ajustar nuestras metas en función de nuestras verdaderas pasiones y rodearnos de personas que nos impulsen hacia adelante puede marcar la diferencia entre la persistencia y el estancamiento.

En un capítulo crucial de mi vida, un ardiente deseo comenzó a apoderarse de mí: quería cambiar de ciudad, aun si eso implicaba despedirme de amistades de toda la vida y renunciar a mi empleo estable. Recuerdo vívidamente cómo mis familiares intentaron convencerme de que lo que realmente necesitaba era estabilidad, tanto en mi carrera como en mi vida emocional. Sus voces sonaban cargadas de preocupación y sus argumentos se tejían con la lógica de la seguridad y la tradición. Algunos incluso insinuaron que mi tendencia a cambiar de trabajo con frecuencia y mi voluntad de tomar vuelos espontáneos a destinos desconocidos eran signos de inestabilidad. Para ellos, mi búsqueda apasionada de lo que yo llamaba «vivir mi vida» parecía un acto impulsivo, e incluso, para algunos, una especie de «locura».

Sin embargo, en medio de este torbellino de opiniones bienintencionadas, descubrí un oasis de apoyo y aliento en mis amistades más recientes, las que había forjado al aventurarme fuera de mi rutina cotidiana. Aquí radica la importancia inmensurable de ampliar tu círculo social.

Mis nuevos amigos no solo comprendían mi búsqueda de una vida auténtica, sino que también la celebraban con pasión. Conocían mis anhelos, mis necesidades y, sobre todo, mis sueños como nadie más. Sus voces eran las que me recordaban constantemente la importancia de perseguir mis deseos, sin importar cuán fuera de lo común o desafiantes pudieran parecer para el resto del mundo. Lo que aprendí a través de esta experiencia fue una lección valiosa: rodearse de personas que abrazan tu autenticidad y comparten tus valores es esencial para el avance. Mis amigos auténticos no solo me apoyaban, sino que también me instaban a ser fiel a mí misma, a seguir mis pasiones y a abrazar lo que me hacía feliz, incluso cuando el mundo exterior parecía estar en contra.

Esta red de apoyo sólida y comprometida me dio la fuerza necesaria para resistir la presión de conformarme con una vida que no me satisfacía plenamente y que no encajaba con mis deseos reales. Su apoyo inquebrantable me dio el coraje de perseguir mis sueños audaces y a menudo «locos». A estos amigos, que me mostraron que la vida es una aventura emocionante esperando a ser explorada, les estaré eternamente agradecida. Su presencia en mi vida me recordó que, además de existir personas maravillosas, a veces, las oportunidades más asombrosas y gratificantes están al otro lado de la zona de confort y fuera de las expectativas convencionales.

En la vida, se entretejen los hilos de nuestras relaciones, conformando el círculo que nos rodea. Un círculo que, en su aparente simplicidad, encierra la capacidad de moldear nuestras percepciones, influir en nuestras decisiones y esculpir nuestra propia identidad. Es una verdad innegable: tu círculo sí te cambia, tu entorno sí te cambia, tu ambiente sí te cambia. La dinámica sutil pero poderosa de la influencia social nos guía por caminos insospechados. ¿Quiénes son aquellos que te rodean? ¿Qué ideales comparten? ¿Cuáles son sus sueños y aspiraciones? La respuesta a estas preguntas revela mucho sobre la dirección que tomará tu propia vida. Es más fácil permitir que el entorno te modele a ti que intentar cambiar el ambiente que te rodea. Imagina que eres parte de un conjunto de cinco almas vibrantes, todas con una afinidad por la fiesta. Inevitablemente, te sumergirás en ese vibrante océano de luces y risas, convirtiéndote en el sexto miembro de esa sinfonía festiva. De manera similar, si tus compañeros de ruta son emprendedores, te verás envuelto en el torrente de sus ambiciones, convirtiéndote en un soñador incansable.

La manada tiene un poder intrínseco; su influencia es un eco constante en tu ser. En su compañía, no solo hablas y compartes, sino que también te hablan y te comparten. La sinergia de ideas y emociones crea un diálogo silencioso que, con el tiempo, deja su huella indeleble en ti. Es un aullido colectivo que resuena en cada fibra de tu existencia. La elección consciente de rodearte de individuos ambiciosos es como plantar las semillas de la ambición en tu propio terreno emocional. Su energía, sus metas se entrelazan con las tuyas, y, casi sin darte cuenta, te encuentras soñando y aspirando a más. Por otro lado, si el grupo que te rodea es apático y conformista, la semilla de la flojera germinará en tu mente, tejiendo su telaraña de complacencia. Así, en este *ballet* constante de interacciones, se forja tu destino. No subestimes el impacto de tu círculo; es el alquimista que transforma las piedras en joyas, las palabras en pensamientos y las acciones en hábitos. En la danza de la vida, elige sabiamente con quiénes compartes el escenario, porque, al final del acto, serás la suma de la energía que has intercambiado y las conexiones que has cultivado.

La próxima vez que te encuentres luchando por encajar en un entorno que no refleja tus deseos reales, recuerda que tienes el poder de crear un cambio significativo. A medida que te adentres en esta búsqueda de autenticidad, es posible que encuentres resistencia y desafíos. Sin embargo, también te encontrarás rodeado de personas que resonarán con tu verdadero ser y te apoyarán en tu camino.

Sé que la dualidad interior puede ser abrumadora, pero a través de la autoexploración, la autenticidad y la búsqueda activa de conexiones genuinas, puedes encontrar el equilibrio entre encajar y ser fiel a ti mismo. Al trascender tus propias limitaciones y abrazar tus deseos reales, descubrirás un camino hacia una vida más gratificante y libre.

Invierte tu tiempo libre en la construcción de la vida que anhelas en lugar de emplearlo en el intento de huir de la que posees.

Capítulo 8. *Mi conocimiento del mundo*

Es un hecho común en la vida que, a menudo, nos conformemos con lo que tenemos cuando es lo único que conocemos. A lo largo de mis años, he tenido la oportunidad de cruzarme con personas que, con la mejor de las intenciones, han tratado de impartirme lecciones de vida y consejos constructivos, a pesar de que su propia experiencia se limita a una vida marcada por la monotonía. Estas personas, por lo general, son aquellas que más desean compartir sus opiniones sobre lo que es correcto y lo que no lo es, pero su experiencia se ve eclipsada por una existencia que ha transcurrido en la constante repetición de una rutina. No es mi intención desestimar sus vidas ni menospreciar sus elecciones; sin embargo, suelen hablar desde un lugar donde lo único que han conocido es su propia monotonía, extendida a lo largo de décadas.

Es importante entender que estas personas no son infelices por defecto. La rutina y la estabilidad pueden ofrecer un sentido de seguridad y comodidad que, para muchos, es apreciado y deseado. Sin embargo, al compartir sus consejos y lecciones, a menudo están limitados por la falta de experiencias variadas y perspectivas enriquecedoras. Sus palabras, aunque bienintencionadas, pueden estar sesgadas por su propia limitada visión del mundo. La lección aquí radica en reconocer que la comodidad de lo conocido puede ser una trampa sutil que nos impide explorar y experimentar todo lo que la vida tiene para ofrecer. Mientras que algunos abrazan la monotonía como un refugio, otros buscan constantemente nuevas experiencias y desafíos. La clave está en encontrar un equilibrio que permita la expansión de nuestros horizontes mientras honramos la comodidad y la estabilidad que valoramos.

En un mundo que constantemente nos empuja a encajar en ciertos moldes predefinidos, la conformidad puede parecer una opción fácil y cómoda. Sin embargo, detrás de esa fachada de seguridad, se esconde una trampa insidiosa que puede limitar nuestro crecimiento personal y emocional de maneras que quizás nunca imaginamos. En este capítulo, exploraremos los peligros ocultos de la conformidad y la vulnerabilidad que acompañan a la renuncia de nuestra autenticidad. La conformidad se presenta como una máscara que usamos para ocultar nuestros miedos más profundos. Nos preocupamos por lo que otros pensarán de nosotros, cómo nos juzgarán y si seremos aceptados por el grupo. Así, lentamente, comenzamos a comprometer nuestra propia autenticidad en un intento de encajar en los estándares impuestos por la sociedad, amigos, familiares y pareja.

Imagina a alguien que siempre ha sentido pasión por la historia del arte, pero en lugar de perseguir ese sueño, elige una carrera «segura» en finanzas solo porque eso es lo que se espera de él. Se conforma con una vida que no lo llena realmente, abandonando sus verdaderos deseos y talentos en el proceso. Este tipo de conformidad apaga gradualmente la voz interna que nos guía hacia nuestras aspiraciones.

La conformidad también puede manifestarse en nuestras relaciones interpersonales. Por ejemplo, una persona podría mantener una relación en la que no se siente valorada o respetada, pero teme estar sola o enfrentar la confrontación.

Al renunciar a sus propias necesidades y deseos por el bien de la conformidad, se coloca en una posición de vulnerabilidad emocional, lo que puede llevar a la ansiedad, la depresión y una disminución de la autoestima. Esta vulnerabilidad se profundiza aún más cuando consideramos cómo la conformidad nos hace susceptibles a la influencia de quienes nos rodean. Si cedemos a la presión para encajar, es más probable que sigamos decisiones y comportamientos que no reflejan nuestra verdadera identidad. Esto no solo socava nuestra confianza, sino que también nos aleja de nuestro camino personal hacia la realización y el crecimiento.

En un mundo que valora la individualidad y la autenticidad, la conformidad nos coloca en una posición de desventaja. Al renunciar a nuestra singularidad, nos privamos de la oportunidad de contribuir con nuestras perspectivas únicas y nuestras habilidades innatas. Además, al ocultar partes de nosotros mismos, impedimos el desarrollo de relaciones significativas que se basan en la honestidad y la autenticidad. Es fundamental reconocer que la vulnerabilidad no es una debilidad, sino una expresión valiente de nuestra verdadera naturaleza humana. Abrazar nuestra vulnerabilidad nos permite conectarnos con nosotros mismos y con los demás en un nivel más profundo. Al romper las cadenas de la conformidad, liberamos espacio para el crecimiento personal y la autoaceptación.

La conformidad también tiende a crear una sensación de estancamiento en nuestras vidas. Al optar por seguir el camino más trillado en lugar de aventurarnos en lo desconocido, perdemos oportunidades para el crecimiento personal y la expansión de nuestros horizontes. Imagina a una persona que ha estado en el mismo trabajo durante años, sintiéndose cada vez más insatisfecha pero temerosa de buscar algo nuevo. La conformidad la mantiene atada a una rutina que no la hace feliz, impidiéndole explorar nuevas posibilidades que podrían revitalizar su vida y carrera. Un aspecto crítico de los peligros de la conformidad radica en cómo impacta en nuestra autoestima y sentido de identidad. Al negarnos la oportunidad de expresarnos plenamente y abrazar nuestras peculiaridades, comenzamos a internalizar la idea de que no somos lo suficientemente valiosos tal como somos. Este mensaje subyacente de «no soy suficiente» puede generar inseguridad y autocrítica constante, afectando negativamente a nuestra salud mental y emocional.

Un ejemplo ilustrativo es cuando alguien decide ocultar su orientación sexual debido a la presión social o familiar. Aunque parezca una decisión pequeña, con el tiempo puede tener un impacto devastador en su autoimagen y autoaceptación. La conformidad en este caso se convierte en una prisión emocional que limita la posibilidad de vivir una vida auténtica y satisfactoria.

La conformidad también socava la creatividad y la innovación. Cuando nos conformamos con las normas establecidas, perdemos la oportunidad de cuestionar el *statu quo* y de ofrecer soluciones y perspectivas frescas. Grandes avances en la historia de la humanidad han sido posibles gracias a aquellos que desafiaron la conformidad y se atrevieron a imaginar un mundo diferente. Para liberarnos de estos peligros, debemos comenzar por cultivar la autoconciencia y la autoestima. Reconocer nuestras propias necesidades, deseos y valores nos empodera para tomar decisiones que estén en línea con nuestra autenticidad. A medida que construimos una base sólida de confianza en nosotros mismos, nos volvemos menos susceptibles a la presión externa y más capaces de resistir la trampa del conformismo.

La vulnerabilidad en el contexto de las relaciones de pareja, por ejemplo, puede ser un factor determinante que nos lleve a conformarnos con menos de lo que realmente deseamos. Para explorar esta dinámica, conozcamos la historia de David y Sonia, una pareja cuyas experiencias arrojan luz sobre cómo la vulnerabilidad puede influir en nuestras elecciones amorosas.

David y Sonia habían estado juntos durante varios años. Al principio de su relación, ambos compartían sueños ambiciosos y anhelaban un amor que fuera apasionado e inspirador. Sin embargo, con el tiempo, las demandas de la vida cotidiana, las responsabilidades familiares y las presiones externas comenzaron a socavar su conexión. Ambos se sintieron vulnerables ante las expectativas de la sociedad y las dificultades que enfrentaban en su relación. Sonia anhelaba una relación más profunda y significativa con David, pero temía expresar sus deseos y necesidades por miedo a ser rechazada o herida. David, por su parte, deseaba más tiempo para sí mismo y para sus intereses personales, pero se sentía atrapado en un ciclo de complacencia debido a su temor a la soledad o a herir los sentimientos de su pareja. La vulnerabilidad, en este caso, actuaba como una barrera invisible. Ambos temían hablar abierta y honestamente sobre sus deseos y necesidades, y como resultado se conformaron con una relación que no los satisfacía completamente. La comodidad y la familiaridad se convirtieron en su refugio, aunque en lo más profundo de sus corazones sabían que merecían algo más.

Esta historia ilustra cómo la vulnerabilidad puede hacer que nos conformemos con relaciones que no nos brindan la felicidad y el amor que anhelamos. En lugar de enfrentar nuestros miedos y expresar nuestras necesidades, a menudo optamos por mantenernos en una zona de confort, incluso si eso significa sacrificar nuestros sueños.

La clave para superar esta dinámica es reconocer que la vulnerabilidad en el amor es una parte natural de cualquier relación. Aprender a comunicarse abierta y sinceramente, a pesar del miedo al rechazo o la incomodidad, puede abrir la puerta a una relación más satisfactoria. La vulnerabilidad no es una debilidad en el amor, es una herramienta poderosa que nos permite conectar de manera más profunda y auténtica con nuestras parejas y lograr la felicidad que deseamos.

El camino hacia la autenticidad puede ser desafiante, pero es un viaje que vale la pena. Implica confrontar nuestros miedos, desafiar nuestras creencias limitantes y redefinir nuestra relación con la vulnerabilidad. Al abrazar nuestra singularidad y compartir nuestras historias, inspiramos a otros a hacer lo mismo. La verdadera fortaleza proviene de vivir una vida que es fiel a quienes somos en nuestro núcleo, y es solo a través de esta autenticidad que encontramos el verdadero sentido de pertenencia y realización.

En tu búsqueda de nuevos comienzos, no busques guía en aquellos cuyos horizontes se han mantenido inalterados.

Capítulo 9. *Mamá, ¿por qué me has dicho eso?*

¿Te has detenido a pensar en cómo las relaciones tóxicas pueden estar impidiendo tu crecimiento personal y emocional, y qué estás dispuesto a hacer para liberarte de esta trampa y abrir espacio para relaciones más saludables y enriquecedoras en tu vida? En la travesía de la vida, nuestro camino está entrelazado con una red compleja de relaciones personales. Cada elección que tomamos y cada paso que damos pueden tener un impacto significativo en nuestra interacción con los demás y en nuestras perspectivas. Sin embargo, a menudo nos encontramos atrapados en la telaraña de la zona de confort, temerosos de cambiar el rumbo y enfrentar lo desconocido.

Nuestras relaciones personales son un reflejo de nuestra esencia más profunda. Sin embargo, el miedo al cambio puede hacer que nos aferremos a relaciones que ya no nos sirven simplemente porque son familiares y cómodas. La zona de confort actúa como un imán, evitando que nos movamos más allá de las relaciones que nos son conocidas. Esta complacencia puede llevarnos a mantener amistades que ya no nos nutren emocionalmente, a permanecer en relaciones tóxicas por temor a la soledad o a la confrontación o a seguir manteniendo el contacto con ese familiar que nos hizo daño.

La zona de confort, ese espacio psicológico donde nos sentimos seguros y familiares, puede ejercer un dominio sutil pero poderoso sobre nuestras decisiones en relación con las personas que nos rodean. A medida que avanzamos en nuestras vidas, nuestras experiencias anteriores y nuestras creencias arraigadas moldean la forma en que nos relacionamos con los demás. El miedo al cambio puede convertirse en un obstáculo formidable que nos impide experimentar relaciones enriquecedoras. El apego a relaciones que ya no nos sirven se convierte en un reflejo de nuestra aversión natural hacia la incertidumbre. Aunque estas relaciones pueden haber tenido un propósito en algún momento, aferrarnos a ellas más allá de su fecha de vencimiento puede estancarnos emocionalmente y privarnos de nuevas oportunidades de crecimiento. La familiaridad puede engañarnos, haciéndonos creer que lo conocido es preferible a lo desconocido, incluso si lo conocido nos está causando angustia o malestar. En muchas ocasiones, la zona de confort actúa como una red invisible que nos impide establecer límites saludables en nuestras relaciones. El temor a la soledad puede llevarnos a aceptar la compañía de personas que no nos respetan o valoran como merecemos. Este miedo a enfrentarnos a la posibilidad de estar solos nos lleva a tolerar relaciones superficiales o desequilibradas, impidiéndonos así el espacio necesario para descubrir nuestra verdadera valía y potencial.

El aspecto más oscuro de este fenómeno es la retención de relaciones tóxicas, de cualquier índole. La comodidad o costumbre puede ser un cómplice silencioso en mantenernos atrapados en dinámicas que son emocionalmente dañinas. El miedo a la confrontación y a la posible ruptura puede mantenernos en una espiral de abuso emocional o manipulación, erosionando gradualmente nuestra autoestima y confianza. Sin embargo, superar esta influencia en nuestras relaciones no es una tarea fácil, pero es absolutamente esencial para nuestro bienestar emocional. Reconocer que merecemos relaciones que nos nutran, inspiren y respeten es el primer paso.

Dime, ¿qué precio estás dispuesto a pagar por la complacencia? Mantener relaciones tóxicas puede ser comparado con cargar una mochila llena de piedras a lo largo de tu camino en la vida.

Cada día que te aferras a una relación que te daña, agregas más peso a esa mochila. Esta carga adicional no solo afecta a tu bienestar, sino que también erosiona tu autoestima, dejándote atrapado en un ciclo destructivo. La pregunta que debes plantearte es: ¿vale la pena cargar con esa mochila de piedras día tras día? La verdad es que no. Cada vez que eliges quedarte en una relación que no te nutre emocionalmente, te alejas de la oportunidad de vivir relaciones que te enriquezcan y empoderen. Al aprender a soltar una relación tóxica, estás dando un paso audaz hacia la reconexión contigo mismo. Estás reconociendo que mereces más y que eres digno de relaciones que te eleven en lugar de derribarte. Este viaje puede ser solitario, pero también es profundamente liberador. En el silencio de la soledad, puedes encontrar la claridad y la paz interior que tanto has buscado. A medida que te enfrentas a tus miedos y te permites sanar, te estás dando la oportunidad de reinventarte y de abrirte a nuevas posibilidades. Recuerda que siempre llega algo mejor cuando te atreves a escucharte a ti mismo y a honrar tus necesidades emocionales. Este proceso puede requerir tiempo y esfuerzo, pero el resultado es una transformación profunda que no solo afectará a tus relaciones personales, sino también a tu relación contigo mismo.

Seguro que alguna vez has escuchado la expresión «No pasa nada, es familia». Esta frase se emplea para justificar la tolerancia de conductas perjudiciales simplemente porque provienen de personas con las que compartimos vínculos sanguíneos. Sin embargo, debemos detenernos y cuestionar por qué algunas personas creen que los lazos familiares deben otorgar inmunidad a la maldad y al daño. Es fundamental recordar que todos somos iguales, independientemente de la familia en la que nacemos. No elegimos nuestros parientes, pero sí elegimos cómo permitimos que nos traten. Aunque es cierto que las emociones pueden ser más intensas entre familiares, no debemos olvidar que todos somos seres individuales con la capacidad de tomar decisiones conscientes. Entonces, ¿por qué debemos soportar que alguien que comparte nuestra sangre nos cause daño? Esta pregunta plantea un dilema profundo. A menudo, nos aferramos a la idea de que la sangre es más espesa que el agua, pero, en realidad, esta creencia no debería justificar el sufrimiento continuo. Aceptar el daño en nombre de los lazos familiares es una forma de autocastigo que debemos cuestionar. He presenciado casos en los que hijos han infligido daño a sus padres de manera dolorosa, padres que han abandonado o herido emocionalmente a sus hijos, hermanos y hermanas que han adoptado comportamientos perjudiciales, primos dispuestos a destruir la paz familiar, etc. Es hora de preguntarnos si no es momento de establecer límites.

En el camino del crecimiento personal y la búsqueda de una vida equilibrada, es crucial comprender que nadie es indispensable en nuestra vida, y mucho menos aquellos que nos hacen daño, sin importar los lazos de parentesco. Establecer límites no es un acto de rechazo, sino una afirmación de nuestro derecho a una vida plena.

Por otra parte, a lo largo de tu vida, es probable que hayas experimentado el dilema de mantener el contacto con personas simplemente porque han sido amigos desde hace mucho tiempo. Incluso cuando somos conscientes de que la relación es superficial y, en algunos casos, dañina, a menudo nos encontramos atrapados en la incertidumbre de dejarla ir. Surge la pregunta: «¿Qué será de mí si dejo de quedar o hablar con esta persona?». Este pensamiento se alimenta principalmente de la comodidad, la soledad y del temor a enfrentar nuevos entornos sociales. En muchas ocasiones, nos conformamos con las amistades de toda la vida, a pesar de que no tengan nada nuevo que enseñarnos, simplemente porque nos resultan familiares y predecibles. La familiaridad nos brinda una sensación de seguridad, aunque eso signifique mantener relaciones que ya no nos aportan nada nuevo ni positivo. Sin embargo, es crucial recordar que, al igual que con las relaciones familiares, nuestra vida es demasiado valiosa para desperdiciarla en relaciones superficiales que no nos nutren emocionalmente ni nos ayudan a crecer. La amistad debe ser una fuente de apoyo, crecimiento y enriquecimiento mutuo. Debemos cuestionarnos si la comodidad y el temor al cambio están privándonos de vivir relaciones más auténticas. En ocasiones, dejar ir a esas amistades que han cumplido su ciclo es el paso necesario para abrir la puerta a nuevas conexiones que nos aporten más y nos ayuden a evolucionar como individuos.

He sido testigo de cómo muchas personas se apegan a amistades que, en lugar de nutrir su espíritu, les causan un daño sutil pero constante. Este apego a menudo se deriva de una profunda necesidad de conexión humana y del temor a la soledad en un mundo que parece cada vez más aislante. En este proceso, debemos recordar que la amistad es un reflejo de nuestra esencia más profunda y, al igual que con las relaciones familiares, debería nutrirnos y ayudarnos a crecer como individuos. Sin embargo, la comodidad de la familiaridad nos hace caer en la trampa de mantener amistades superficiales que, en realidad, socavan nuestra autoestima y bienestar emocional. Además, no es infrecuente encontrarse en situaciones en las que nos relacionamos con personas que constantemente se excusan para evitar pasar tiempo contigo. Esto puede ser un doloroso recordatorio de que tal vez no eres una prioridad en sus vidas. A pesar de la dificultad de aceptar esta realidad, debes dar el salto y rodearte de amistades que valoren tu presencia y te correspondan de manera genuina. En última instancia, este proceso de reflexión profunda nos lleva a comprender que la compañía no debe justificar mantener relaciones que erosionan nuestra autoestima. Nuestra paz es invaluable, y debemos tener el coraje de liberarnos de aquello que nos daña. La soltura nos permite florecer como individuos. En lugar de aferrarnos a la comodidad de lo conocido, abramos la puerta a nuevas conexiones que nos enriquezcan y nos ayuden a evolucionar en el viaje de la vida.

Por otro lado, muchas personas se encuentran en un dilema emocional doloroso: aferrarse a una relación de pareja que no satisface sus necesidades más profundas. Esta situación es más común de lo que podríamos imaginar. A veces, nos aferramos a una relación que no parece llevar a ninguna parte o, peor aún, se ha vuelto tóxica. El motivo detrás de este aferramiento es complejo y multifacético. Una razón fundamental radica en el miedo, el temor a soltar. Nos aterra la idea de quedarnos solos, enfrentar la incertidumbre y la posibilidad de no encontrar a alguien más. Nuestras mentes están hábilmente programadas para enfocarse en los aspectos positivos de la relación, incluso cuando somos conscientes de que el daño es constante. Este autoengaño actúa como un mecanismo de defensa para evitar confrontar la realidad. Nos aferramos a la idea de que lo que tenemos es lo mejor que podemos obtener, aunque la voz interna nos susurre lo contrario. He escuchado innumerables relatos de personas que sienten una profunda insatisfacción en su relación de pareja. Sin embargo, están atrapadas en un ciclo de autoengaño para evitar confrontar lo que realmente desean y merecen. Algunas sienten que es demasiado tarde para cambiar, ya sea porque han invertido muchos años en la relación o porque la edad las limita. La idea de empezar de nuevo se convierte en un obstáculo aparentemente insuperable. Además, existe la fuerte dependencia emocional que puede atar a las personas a una relación insatisfactoria. La autoestima se ha visto tan dañada que dar el salto hacia lo desconocido se percibe como una montaña insuperable. El miedo a la soledad y la creencia de que no merecemos algo mejor se entrelazan para mantenernos atrapados en una situación que socava nuestro bienestar emocional y personal. En otras ocasiones, las ganancias compartidas, como un matrimonio, una hipoteca o incluso hijos en común, se convierten en justificaciones para ignorar el deseo profundo de encontrar una relación que realmente nos nutra. La idea de romper estos lazos puede ser aterradora y desalentadora. Sin embargo, es crucial recordar que el temor a soltar no debe definir nuestra vida. Dejar ir a alguien no es sinónimo de abandono, tristeza perpetua y soledad eterna. Aunque atravesar la fase del duelo es un proceso necesario y a menudo doloroso, debemos mantener presente que nuestra vida es más que una sola relación. Todos merecemos a alguien que nos nutra y permita crecer como individuos. Soltar lo que nos daña es el primer paso, aunque parezca una montaña insuperable. La reflexión profunda nos invita a cuestionar nuestros miedos y creencias arraigadas y a considerar si la comodidad de lo conocido justifica mantener una relación insatisfactoria. La vida está llena de posibilidades, y a veces, liberarnos de lo que nos pesa es el camino hacia una vida más rica en experiencias.

Cabe destacar que en el complejo tejido de las relaciones de pareja, dos fuerzas poderosas a menudo ejercen su influencia: el conformismo y la comodidad. El conformismo nos lleva a aceptar la situación tal como es, incluso cuando sabemos que no nos satisface plenamente. Nos acomodamos a la rutina y a la familiaridad de la relación, y comenzamos a creer que este es el camino que debemos seguir. Esta complacencia nos hace ignorar nuestras necesidades y deseos, y nos convence de que no podemos aspirar a algo mejor.

La comodidad, por otro lado, desempeña un papel igualmente crucial. Estar en una relación estable, incluso si es insatisfactoria, nos brinda una sensación de seguridad. Tememos la incertidumbre que viene con el cambio, especialmente cuando se trata de una relación en la que hemos invertido tiempo y emociones. La comodidad nos seduce con la ilusión de que quedarnos en lo conocido es menos arriesgado que aventurarnos en lo desconocido. Como ya hemos comentado, el miedo a la soledad también se convierte en un factor determinante. La perspectiva de quedarnos solos después de una ruptura puede resultar abrumadora. El temor a no encontrar a alguien más, especialmente si hemos estado en la relación durante mucho tiempo, nos presiona a conformarnos con lo que ya conocemos, incluso si sabemos que no es lo que realmente deseamos.

Es fundamental comprender que el conformismo y la comodidad pueden mantenernos prisioneros en relaciones que socavan nuestra autoestima y bienestar emocional. A pesar de los miedos y la resistencia, la reflexión que debemos considerar nos insta a cuestionar si la conformidad y la comodidad justifican mantener una relación insatisfactoria. La vida ofrece una riqueza de posibilidades, y soltar lo que nos daña puede ser el primer paso hacia una relación más conforme, especialmente con nosotros mismos.

El autoconocimiento profundo es fundamental para identificar patrones y creencias limitantes que están frenando nuestro progreso. Cuando finalmente damos el salto y nos alejamos de la comodidad restringida de nuestra zona conocida, nos abrimos a un mundo de posibilidades en términos de conexiones humanas. Salir de la zona de confort nos permite conocer a nuevas personas de maneras que nunca habríamos imaginado mientras permanecíamos en nuestra burbuja familiar. Un paso crucial para conocer a otros es sumergirnos en entornos sociales diferentes, como ya hemos comentado. Esto no significa necesariamente que debamos transformarnos en personas extrovertidas de la noche a la mañana, pero sí implica estar dispuestos a asistir a eventos, actividades o reuniones donde podamos encontrar a individuos con intereses comunes o incluso diferentes. Tomar la iniciativa de unirnos a grupos o clases nos expone a un círculo completamente nuevo de individuos que, de otra manera, podrían haber permanecido fuera de nuestro radar.

En momentos en que estamos abiertos a probar cosas nuevas, estamos naturalmente más receptivos a conectar con quienes están compartiendo esas mismas experiencias. Piensa en ello: un taller creativo, una clase de cocina o incluso una excursión espontánea pueden llevarnos a entablar conversaciones y vínculos con personas que, de lo contrario, podríamos haber pasado por alto. Estas situaciones no solo son oportunidades para el aprendizaje y la expansión personal, sino también para la ampliación de nuestro círculo social.

Además, desafiar la zona de confort también significa ser proactivo en la construcción de relaciones significativas. Cuando sentimos una conexión genuina con alguien, no debemos tener miedo de dar el primer paso para establecer un vínculo más profundo. A veces, una simple conversación puede llevar a una amistad duradera o incluso a una relación relevante.

Es importante recordar que, si bien salir de la zona de confort es vital para conocer a nuevas personas, también lo es ser auténtico. No te sientas presionado a cambiar tu esencia para encajar con otros. Las mejores conexiones surgen cuando somos fieles a nosotros mismos y encontramos a quienes valoran y comprenden nuestra verdadera naturaleza.

Piensa en ello, hemos invertido un exceso de esfuerzo en ser relevantes para aquellos que solo ocupan un espacio efímero en nuestra existencia. No es que carezcan de la capacidad de ofrecer su totalidad, sino que con nosotros su entrega se limita al modesto porcentaje del 30 %. Frases como «estoy demasiado ocupado» o «estoy aburrido» revelan una superficialidad que deberíamos aprender a discernir. La lección crucial radica en la habilidad de elegir con sabiduría para no dilapidar nuestro tiempo ni compartir la esencia de nuestro corazón con aquellos que no pueden apreciarlo en su plenitud. En el arte de la elección reside el poder de resguardar nuestra intimidad, de no coser nuestro corazón en telas de relaciones pasajeras. Que cada conexión sea una sinfonía significativa, donde la autenticidad y la reciprocidad se entrelacen, y que, al final del día, nuestro tiempo sea una inversión en aquellos capaces de valorar la riqueza de nuestro ser.

Deja ir; en ocasiones, soltar lo que tienes puede ser el acto que te protege de perderte a ti mismo en el proceso.

Capítulo 10. *Odio los lunes*

Tras explorar las complejas telarañas de las relaciones interpersonales, adentrémonos en un tema que yace en la preocupación colectiva: el intrincado mundo laboral. Contempla, por un momento, esa sensación que embriaga los domingos, especialmente cuando se avecina un lunes laboral. Existe una creencia arraigada de que esta melancolía se gesta al anticipar los eventos por venir, al comprender que al día siguiente debemos retomar la rutina cotidiana. Pero detente un instante, ¿por qué experimentamos tal sensación? En realidad, el tránsito de un día a otro no debería ser un cataclismo, sino la jubilosa oportunidad de inaugurar una nueva jornada. Entonces, ¿por qué esta melancolía persiste? La respuesta se revela con claridad. La actitud con la que encaramos una semana fresca divulga información valiosa acerca de nuestra postura frente a las circunstancias laborales. Nos incorporamos, ingerimos el desayuno con indiferencia, abordamos el transporte que nos conduce al trabajo y, al llegar a la puerta, nos percatamos de la escasa disposición para afrontar otro día. Sin percatarnos, hemos caído en la trampa de la queja, como si fuera un hábito al que nos hemos acomodado sin cuestionar.

Tejemos nuestras vidas con hilos de esta queja, una hebra que se enreda en lo cotidiano, formando un patrón sutil pero omnipresente. La queja, ese lamento constante, se ha convertido en nuestro refugio, en la válvula de escape para liberar el enfado que yace latente en lo más profundo de nuestro ser. Curiosamente, este acto, lejos de ser liberador, se convierte en una trampa silenciosa que nos ata a una rutina de insatisfacción. Los días avanzan, marcando su paso inexorable, y a pesar de la ilusión de movimiento nos damos cuenta de que, en realidad, no estamos yendo a ninguna parte. Somos como viajeros en una noria, dando vueltas y más vueltas, atrapados en un ciclo repetitivo. Nos convertimos en autómatas de nuestras propias acciones, impulsados únicamente por la inercia de una existencia que se desliza sin un propósito claro.

Es paradójico que, aunque experimentamos la sensación de avanzar, la realidad es que estamos estancados. Nos aferramos al miedo al cambio, convirtiéndonos en esclavos voluntarios de la comodidad que brinda la monotonía. En la vorágine de una sociedad regida por horarios y obligaciones, existe un fenómeno peculiar que revela mucho acerca de nuestra relación con el tiempo y el trabajo. Algunas personas incluso, cuando se ven inmersas en períodos prolongados sin la rutina laboral que las ha definido, experimentan una desconcertante sensación de vacío. No es por falta de salud, ni por carencia de intereses, sino más bien por la desconcertante paradoja de la libertad sin directrices predefinidas. Nos encontramos ante individuos que, al desprenderse de las cadenas del trabajo diario, se enfrentan de repente a la desnudez de su tiempo libre. Esta contradicción revela la profunda influencia que tienen las estructuras sociales y laborales en la construcción de nuestra identidad y la gestión de nuestras vidas. La pregunta intrínseca surge de manera inevitable: ¿qué hacer cuando no hay un jefe que dicte las horas de inicio y fin de la jornada, cuando no hay tareas predefinidas que nos absorban? La libertad puede tornarse abrumadora para aquellos que han internalizado la necesidad constante de seguir normas externas.

Estamos tan inmersos en la mecánica de la productividad y la adherencia a estructuras impuestas que nos enfrentamos a un desafío existencial cuando se nos otorga la oportunidad de forjar nuestro propio camino en el paisaje inexplorado del tiempo libre.

La ausencia de directrices externas revela no solo la dependencia estructural, sino también la falta de una conexión profunda con nuestras pasiones y deseos intrínsecos.

El temor a lo desconocido nos paraliza, y preferimos habitar en la seguridad aparente de la insatisfacción conocida en lugar de arriesgarnos a explorar la vastedad de lo que podría ser. Nos atormenta el pavor a la libertad, esa libertad que implica asumir la responsabilidad de nuestra propia felicidad. Entregamos nuestra dicha a estímulos externos, convenciéndonos a nosotros mismos de que lo que poseemos es suficiente. Nos afanamos por contentarnos con migajas de satisfacción, sin percatarnos de que la verdadera plenitud no reside en lo que tenemos, sino en cómo vivimos y percibimos cada momento. Y así, día tras día, damos vueltas en este carrusel de existencia sin sentido, hasta que un día, en medio de la vorágine, experimentamos una inmensa sensación de vacío. Una hendidura interna que ningún logro material puede llenar. Nos enfrentamos a la cruda realidad de que, mientras nos resistimos al cambio, nos despojamos de la posibilidad de experimentar la plenitud de la vida que soñamos.

En nuestras vidas, uno de los hilos más persistentes y, a menudo, más angustiantes es el temor a cambiar de trabajo, en el caso de que no estemos conformes con nuestra profesión. Se arraiga en lo más profundo de nuestra psique, tejiendo una maraña de incertidumbre y autoduda que a menudo parece imposible de desenredar. Para muchos, el trabajo se convierte en un refugio seguro, un punto de referencia en medio de un mundo en constante cambio. Nos aterra abandonarlo, como si no existiera otra opción que pueda llenarnos de la misma manera, como si nos encontráramos atrapados en un vínculo inquebrantable. Las excusas para no dejar ese trabajo que, en secreto, nos sofoca son abundantes. Nos autoconvencemos de que el cambio es un acto de locura, de que la estabilidad nos define y de que nuestro sustento y la seguridad de nuestras familias dependen de ello. Es cierto que no todo lo que reluce es oro y los tiempos que corren no son para nada fáciles, además de que no todos los cambios son fáciles de abrazar. Las responsabilidades, como cuidar de nuestros hijos o ser el sostén de una familia, pueden parecer murallas impenetrables, pero incluso entre esas murallas hay espacio para la transformación. Es en esos pequeños espacios donde la voluntad y el deseo de cambiar pueden encontrar un camino.

Este libro no pretende desestimar la importancia de la estabilidad laboral, pero sí te invita a cuestionar si, en tu lucha por mantenerla, te has olvidado de ti mismo. A lo largo de estas páginas, exploraremos las razones detrás del miedo a dejar tu trabajo, examinaremos las oportunidades que se esconden detrás de esa cortina de seguridad y te proporcionaré las herramientas necesarias para dar pasos hacia una versión más real de ti mismo.

Cuando nos aventuramos fuera de nuestra zona de confort en el ámbito profesional, no solo nos desafiamos a nosotros mismos, sino que también desbloqueamos oportunidades de crecimiento y conexiones que de otro modo permanecerían inexploradas. Las relaciones profesionales, al igual que las personales, pueden verse afectadas por nuestra tendencia a aferrarnos a lo familiar y cómodo.

En el ámbito laboral, este miedo puede tener un impacto profundo. A medida que evitamos tomar riesgos profesionales y explorar nuevas oportunidades, nos limitamos a nosotros mismos. Nos aferramos a trabajos que pueden no ser satisfactorios simplemente porque son familiares y estables. Esto puede llevar a una sensación de estancamiento y falta de realización profesional. Las oportunidades de crecimiento y desarrollo se ven obstaculizadas por nuestro temor al cambio y nuestra preferencia por la seguridad de lo conocido.

A menudo, este temor nos lleva a quedarnos en trabajos que ya no nos desafían ni inspiran. La rutina se convierte en nuestra zona segura, y aunque puedas sentir que tienes el control, la realidad es que podrías estar limitando tu potencial. La zona de confort puede ser un obstáculo para buscar nuevos horizontes profesionales y aprender habilidades que, aunque aterradoras al principio, pueden enriquecer tu perspectiva. La comodidad en nuestras relaciones laborales puede ser igual de restrictiva. Aferrarnos a las conexiones que hemos construido a lo largo del tiempo, incluso si ya no son fructíferas, puede mantenernos atrapados en dinámicas que no contribuyen a nuestro crecimiento. La resistencia a establecer nuevos contactos o a desafiar la jerarquía puede estancarnos en posiciones que no reflejan nuestro verdadero potencial.

Para avanzar profesionalmente, necesitamos desafiar la idea de que la seguridad y la familiaridad son sinónimos de éxito. Es fundamental estar dispuestos a enfrentar aquello a lo que tememos, siempre asumiendo riesgos calculados. Cambiar de trabajo o explorar nuevas oportunidades puede ser aterrador, pero es en estos momentos de incertidumbre donde realmente crecemos. Al arriesgarnos a enfrentar desafíos, ampliamos nuestras habilidades y descubrimos aspectos de nosotros mismos que podríamos no haber sabido que existían.

Hace unos años, comencé a trabajar en una empresa de un pequeño pueblo, donde el número de trabajadores era reducido, lo que implicaba que todos nos conociéramos mutuamente. Al inicio, sentí una fuerte necesidad de entender el entorno que me rodeaba, ya que pasaba la mayor parte del día junto a estas personas. En poco tiempo, llegué a una conclusión que ya había observado en otros contextos: muchos de los trabajadores parecían tener una única aspiración y preocupación en la vida, y era su trabajo. Algunos de mis compañeros incluso optaban por quedarse después del horario laboral, sin recibir pago adicional, y parecían inquietos incluso cuando estaban en sus hogares. No obstante, lo más notable y, al mismo tiempo, desalentador era la firme determinación de los empleados veteranos de mantener el control y, sobre todo, de ganarse el favor del jefe, incluso si eso implicaba pisotear a los demás y señalar cada error que cometían, por mínimo que fuese. El trabajo era el epicentro de sus vidas, y no parecían mirar más allá de esos muros.

Por lo general, excepto aquellos que tienen una gran responsabilidad, los que centran su existencia en el trabajo a menudo se sienten profundamente insatisfechos con sus vidas y encuentran consuelo en el sentido de control que obtienen en su entorno laboral. Durante los meses que pasé allí, me di cuenta de esta dinámica y opté por pasar desapercibida en todo momento. Evitaba compartir detalles de mi vida privada y me enfocaba en llevar a cabo mis tareas de la mejor manera posible.

Un día, mientras trabajaba, tuve un encuentro revelador con una de mis compañeras. Me confesó su deseo de abandonar su trabajo cuanto antes, pero siempre encontraba razones para postergar su partida, justificándolo con la idea de que «ya era muy mayor». Su actitud revelaba una especie de resistencia a aventurarse en una nueva etapa de la vida, incluso si su bienestar mental se estaba deteriorando gradualmente. Si bien era consciente de que encontrar trabajo no resultaba tan sencillo a cierta edad, me di cuenta de que aún tenía opciones. Todos las tenemos si las buscamos, aunque el camino pueda estar lleno de obstáculos y no esté completamente trazado. Finalmente, decidí abandonar ese entorno tóxico en busca de una mayor felicidad y bienestar mental, y fue entonces cuando muchas personas de mi círculo social me tacharon de «inestable». Consideraban que estaba desechando mi estabilidad económica. Sin embargo, en ese momento, me di cuenta de la importancia de priorizar la felicidad y el bienestar mental por encima de las consideraciones económicas y los comentarios externos.

Esta historia pone de manifiesto cómo a menudo la sociedad valora la estabilidad económica y la seguridad laboral por encima de la salud mental y la satisfacción personal, incluso nosotros mismos. En ocasiones, las personas se aferran a trabajos tóxicos o a situaciones insatisfactorias por miedo a lo desconocido, incluso cuando existe la posibilidad de mejorar su calidad de vida.

Otros pueden mantenerse donde están porque obtienen un sueldo que les permite vivir dignamente, y bajar esos estándares les resulta absurdo, por mucho que se sientan insatisfechos. Este relato resalta la importancia de escuchar nuestras propias necesidades y deseos, y de ser valientes para tomar decisiones que nos acerquen a una vida más plena, aunque impliquen romper con la norma. Como hemos comentado en capítulos anteriores, la sociedad valora la estabilidad laboral y económica por encima de la estabilidad mental; nos convencen de que trabajar toda la vida en el mismo sitio es sinónimo de éxito, ya que solo de esta manera podremos construir la vida que queremos, a base de sudor, esfuerzo y ahorros, cuanto más, mejor. Realmente, cada persona tiene aspiraciones diferentes, y aunque para muchos esto es apreciado y deseado, no es la verdad universal.

Salir de la zona de confort en lo profesional implica estar dispuestos a aprender y a adaptarse constantemente. Esto no solo nos permite mantenernos relevantes en un mundo en constante evolución, sino que también nos conecta con mentores que comparten nuestra ambición de crecimiento. Al estar dispuestos a aprender de aquellos que tienen diferentes perspectivas, ampliamos nuestras habilidades y ganamos una comprensión más profunda de la industria en la que trabajamos. A su vez, al arriesgarnos a abrazar el cambio y cuestionar las conexiones y posiciones que hemos mantenido por comodidad, abrimos la puerta a un mundo de oportunidades. La autenticidad en nuestras acciones profesionales nos permite no solo destacar, sino también encontrar un sentido más profundo de propósito en nuestro trabajo y en nuestras interacciones.

Seguro que has sido testigo de una paradoja que ha asido a innumerables almas a lo largo de la historia: la tendencia a quejarse de un trabajo que detestamos sin dar un paso decidido para cambiarlo. Es como si la queja se hubiera convertido en una rutina ritual, un refugio oscuro en el que hallamos, curiosamente, una sensación de seguridad.

Este fenómeno no se limita a un solo ámbito; es un eco universal de insatisfacción que resuena en los corazones de muchos. Las quejas, como hemos comentado antes, con el tiempo, han tejido sus raíces en lo más profundo de nuestra identidad, convirtiéndose en una parte indisoluble de nosotros mismos. Las palabras de descontento, tan pesadas como cadenas, nos mantienen atrapados en una realidad que lamentamos. Sin embargo, pocos se atreven a romper estas cadenas y a desafiar la monotonía de la queja perpetua. La queja, con su comodidad enmascarada, se ha vuelto una compañera silenciosa, una voz constante en nuestros pensamientos que nos hace creer que, al menos, estamos expresando nuestra insatisfacción. Pero ¿qué ganamos al aferrarnos a esta queja? ¿Qué precio pagamos por no atrevernos a cambiar nuestra situación?

En la cotidianidad de nuestras vidas, nos aferramos a narrativas que nos brindan una sensación de protección, como la idea de que las responsabilidades financieras, como una hipoteca, nos atan irremediablemente a un camino predefinido. Sin embargo, en esta trama de estabilidad aparente, a menudo olvidamos que también existe un espacio fértil para el cambio. La esencia de esta reflexión radica en comprender que la estabilidad no es sinónimo de inmovilidad. En realidad, es un punto de partida desde el cual podemos tejer nuevos destinos. Es necesario desafiar la creencia arraigada de que estamos atrapados en nuestras circunstancias, pues dentro de la rutina también hay margen para la innovación.

La clave reside en rodearnos de personas cuyos caminos reflejen las sendas que anhelamos recorrer. ¿Por qué conformarnos con un entorno que no nos inspira? Plantear ideas audaces a nuestros superiores puede abrir puertas insospechadas. La estabilidad no debe ser una cadena, sino el cimiento desde el cual construimos nuestros sueños. Emprender, esa palabra que resuena con anhelos postergados, puede convertirse en la oportunidad que siempre hemos deseado. ¿Por qué no atreverse a dar ese salto? La parálisis del análisis solo dilata la realización de nuestras aspiraciones. Dejemos de sobreanalizar y permitámonos la acción. La magia del cambio no se manifiesta en las palabras que decimos, sino en los pasos que damos. Detrás de cada transformación significativa yace la voluntad de atreverse a materializar nuestras ideas. No hay idea más poderosa que aquella que ha esperado pacientemente su momento. En lugar de buscar oportunidades, es hora de construirlas.

Así que, en lugar de limitarnos por las ataduras autoimpuestas, recordemos que dentro de la estabilidad también late el corazón del cambio. Abrazar la posibilidad de una metamorfosis personal y profesional implica dejar de temerle a lo desconocido y abrazar la certeza de que, a veces, es necesario desafiar el *statu quo* para alcanzar la plenitud. La oportunidad no está perdida; está esperando a ser creada.

Aprende a soltar, y descubrirás que, con frecuencia, lo que llega después es incluso más excepcional.

Capítulo 11. *Teatro comunitario*

En el teatro de la vida, a menudo encontramos actores que interpretan un papel de felicidad, pero detrás de las sonrisas y las apariencias hay una historia más compleja y profunda. Esta discrepancia entre lo que se muestra y lo que realmente se siente es un fenómeno común, impulsado por diversas razones que van desde la presión social hasta la lucha interna por encontrar significado y alegría auténticos. El deseo de encajar y ser aceptado puede llevar a muchas personas a presentar una fachada de felicidad, incluso si internamente están lidiando con desafíos y dificultades. Las redes sociales, por ejemplo, a menudo son vitrinas de momentos felices y logros, lo que puede perpetuar la ilusión de que todos los demás están experimentando una vida perfecta. La necesidad de cumplir con expectativas externas puede crear una brecha entre la imagen proyectada y la realidad íntima.

La sociedad también valora la positividad y la felicidad, lo que puede presionar para que se oculten ciertas luchas emocionales o momentos de tristeza. Existe un estigma en torno a la vulnerabilidad y la expresión honesta de emociones negativas, lo que puede hacer que las personas se sientan obligadas a ocultar sus verdaderos sentimientos detrás de una sonrisa. La falta de autoconocimiento y la desconexión con los propios deseos y necesidades también pueden llevar a esta discrepancia entre la apariencia y la realidad. A veces, algunos pueden no estar seguros de lo que realmente les hace felices o pueden haber internalizado expectativas poco realistas. En un esfuerzo por cumplir con estas expectativas, pueden presentar una imagen de felicidad que no refleja sus verdaderos anhelos.

La comparación con los demás también juega un papel importante en esta dinámica. Cuando las personas creen que los demás están viviendo vidas más felices y satisfactorias, pueden sentirse presionadas para ocultar sus propias luchas y fingir estar bien. Esta búsqueda constante de comparación puede alejar a las personas de la autenticidad y alimentar un ciclo de insatisfacción y enmascaramiento de la verdadera realidad.

Por otra parte, la vanidad, esa capa superficial de aparente seguridad y logro, es en realidad un escudo que disfraza nuestras inseguridades. Es una cortina detrás de la cual escondemos nuestras dudas sobre nuestro valor, nuestra búsqueda constante de aprobación y nuestro miedo a no ser suficientes tal como somos. Al tratar de proyectar una imagen de triunfo y éxito, nos encontramos en un ciclo interminable de búsqueda de validación externa, mientras que la verdadera satisfacción yace en la aceptación interna y el amor propio. Cuando participamos en este juego de apariencias, caemos en la trampa de construir una realidad basada en la percepción de los demás en lugar de en nuestra experiencia. Nos vemos atrapados en una actuación constante, donde interpretamos un papel en función de lo que creemos que otros esperan de nosotros. Esta ilusión de éxito puede llevarnos a aceptar una vida que no está en sintonía con nuestros verdaderos deseos y valores.

El «teatro comunitario» nos invita a romper este ciclo al recordarnos la importancia de la autenticidad. Al enfrentar nuestras inseguridades y complejos ocultos, damos paso a la transformación genuina. En lugar de temer a la vulnerabilidad, comenzamos a verla como una puerta hacia la auténtica conexión con los demás. Al compartir nuestras luchas y desafíos, creamos un espacio en el que todos pueden relacionarse y apoyarse mutuamente en su búsqueda de significado y realización. La aceptación y la verdadera felicidad no provienen de impresionar a los demás, sino de aceptarnos a nosotros mismos tal como somos. A medida que dejamos de esforzarnos por ser lo que creemos que deberíamos ser y abrazarnos, liberamos una energía poderosa para la transformación. Al reconocer nuestras carencias y trabajar en ellas, creamos una base sólida para el desarrollo de una buena autoestima y una relación más saludable con nosotros mismos y con nuestro entorno.

Al ocultar nuestras heridas y vulnerabilidades detrás de una fachada de éxito o alegría, creamos una desconexión entre lo que mostramos y lo que verdaderamente sentimos. La apariencia exterior puede no reflejar la complejidad interior que todos enfrentamos en algún momento de nuestras vidas. La negación de nuestras luchas internas puede crear un abismo entre la autenticidad y la imagen que presentamos al mundo. Esta discordancia entre lo interno y lo externo nos coloca en un estado de vulnerabilidad. Cuando las circunstancias externas se entrecruzan con nuestras luchas internas no resueltas, nos volvemos susceptibles a su impacto. Las emociones reprimidas pueden emerger de manera inesperada, afectando nuestra percepción y toma de decisiones. En este estado, somos menos capaces de mantener límites saludables y tomar decisiones fundamentadas. Además, cuando llevamos un peso emocional oculto, es más probable que busquemos validación y consuelo fuera de nosotros mismos. Nos volvemos más influenciables, buscando en otros la confirmación de nuestro valor y la dirección de nuestras acciones. Esta dependencia externa puede dificultar el proceso de toma de decisiones conscientes y alineadas con nuestros verdaderos deseos. Este capítulo nos invita a ser conscientes de los roles que interpretamos y a considerar si estos roles son una expresión verdadera de quienes somos en realidad. Al liberarnos de la necesidad de impresionar y abrazar nuestra autenticidad, encontramos una libertad duradera que trasciende la búsqueda superficial de validación externa, por lo que nos desafía a dejar de actuar y empezar a vivir una vida que resuene con nuestra esencia más profunda.

Es esencial recordar que la felicidad es una experiencia subjetiva y compleja. Todos enfrentamos altibajos en la vida, y la verdadera autenticidad yace en aceptar y expresar nuestras emociones de manera honesta. El camino hacia la verdadera felicidad no es negar los momentos difíciles, sino abrazarlos como parte integral de nuestra experiencia humana. Al abrirnos a la vulnerabilidad y cultivar una relación más profunda con nosotros mismos, podemos movernos hacia una autenticidad que trasciende la actuación superficial y nos permite abrazar una vida más libre.

La auténtica conexión surge cuando decidimos abandonar nuestras máscaras y extendemos la mano para que otros hagan lo mismo, permitiendo que la verdad de quienes somos se entrelace en un vínculo sincero.

Capítulo 12. *La falsa felicidad*

En esta era de constantes demandas y ritmos de vida vertiginosos, muchos de nosotros nos encontramos atrapados en una ilusión de felicidad. Se nos ha enseñado que la estabilidad y la seguridad son las claves para una vida plena, y hemos seguido el guion que nos han dado sin cuestionarlo. Nos levantamos a la misma hora, nos preparamos para ir al trabajo, enfrentamos las mismas tareas repetitivas día tras día, y luego regresamos a casa agotados, solo para comenzar nuevamente al día siguiente. ¿Te suena familiar?

Esta rutina puede proporcionar una sensación de control y previsibilidad en un mundo caótico, pero también puede ser una prisión disfrazada que nos aleja de nuestros sueños. La falsa felicidad se nutre de la comodidad de la monotonía, de la ilusión de que esta rutina es suficiente para llevar una vida plena. ¿Cómo sabemos si estamos atrapados en esta trampa de la falsa felicidad? Un indicador clave es la falta de entusiasmo por el futuro. Si miramos hacia adelante y solo vemos una sucesión interminable de días iguales, es probable que estemos atrapados en esta ilusión de felicidad. La verdadera felicidad no reside necesariamente en la rutina monótona, sino en la exploración de nuevos horizontes, en la búsqueda de nuestros sueños y pasiones, en la conexión auténtica con los demás y en el crecimiento personal. Romper con la falsa felicidad requiere coraje.

Es importante reconocer que no se trata de abandonar de inmediato nuestros trabajos o responsabilidades cotidianas, sino de cuestionar si estamos viviendo la vida que realmente deseamos. La falsa felicidad puede ser cómoda, pero tarde o temprano nos deja con un sentimiento de vacío y arrepentimiento. Para encontrar la satisfacción, debemos sintonizar con nosotros mismos y descubrir qué nos hace sentir vivos. Esto puede implicar cambios significativos en nuestras vidas, como cambiar de carrera, establecer nuevas metas, o simplemente dedicar más tiempo a las actividades y relaciones que nos nutren. La felicidad auténtica requiere valentía, autoconocimiento y un compromiso firme con nuestros sueños.

No permitas que la rutina te robe la verdadera felicidad. Escucha a tu corazón, busca tus pasiones y ten el coraje de hacer los cambios necesarios en tu vida. La alegría está ahí fuera, esperando a ser descubierta por aquellos que están dispuestos a desafiar la falsa comodidad de la rutina y abrazar la aventura de vivir. En nuestra sociedad, a menudo nos encontramos con un patrón sorprendente: aquellos que se atreven a salirse de la norma son a menudo etiquetados como «locos» o «idealistas ingenuos». Parece que existe un temor generalizado a lo diferente, una tendencia a ver como peligroso lo que está fuera de lo común. Esta dinámica puede tener un impacto significativo en la forma en que perseguimos nuestros sueños y buscamos nuestro bienestar.

Cuando alguien tiene un deseo de alcanzar sus sueños y se aparta del camino convencional, la sociedad a menudo reacciona con escepticismo. Nos dicen que nuestros objetivos son irrealizables, que debemos ser realistas y conformarnos con lo que tenemos. Nos advierten sobre los riesgos de la búsqueda de la felicidad fuera de los límites establecidos.

Esta presión social puede ser abrumadora y desalentadora. Nos lleva a dudar de nuestras propias aspiraciones y a preguntarnos si estamos cometiendo un error al perseguir lo que realmente queremos. El miedo al rechazo y al ridículo puede llevar a muchas personas a renunciar a sus sueños y conformarse con una vida que no las llena. Sin embargo, es fundamental comprender que la verdadera realización rara vez se encuentra dentro de los confines de lo convencional. Los individuos que han dejado una huella significativa en la historia, los innovadores, los líderes y los creadores, todos han tenido que enfrentar la resistencia de la sociedad en su búsqueda de sus sueños. En realidad, la comunidad tiende a temer lo desconocido, lo no probado. La percepción de que aquellos que buscan algo más allá de la norma son «locos» es, en gran medida, una defensa contra la incertidumbre. Cambiar las reglas, desafiar las expectativas y seguir un camino poco convencional puede ser aterrador para muchos, y la forma más fácil de lidiar con ese temor es desestimar a aquellos que lo hacen.

Pero aquí está la verdad: no hay un camino único hacia la felicidad y el éxito. Cada individuo tiene su propia definición de lo que eso significa. Algunos encontrarán su satisfacción en carreras convencionales, relaciones tradicionales y vidas predecibles, y eso está bien. Pero para otros, la búsqueda de la verdadera felicidad implica desviarse de la norma, perseguir sueños aparentemente imposibles y enfrentar desafíos que pocos están dispuestos a abordar. Es esencial recordar que los visionarios, los rebeldes y los «locos» son a menudo quienes cambian el mundo. Las innovaciones, los avances y los logros significativos provienen de aquellos que desafían el *statu quo* y se niegan a aceptar las limitaciones impuestas.

Si tienes un deseo ardiente de alcanzar tus sueños, no dejes que la percepción de la sociedad te detenga. Atrévete a ser diferente, a seguir tu propia brújula interna y a abrazar lo que te hace único. Puede que te llamen loco, pero recuerda que los locos son a menudo los que cambian el mundo y encuentran una satisfacción y felicidad profundas en la realización de sus sueños más audaces. No te preocupes, en el camino encontrarás a más personas en tu situación que te apoyarán en cada decisión que decidas tomar, por muy inusual que parezca.

Es realmente curioso cómo en el transcurso de la vida moderna escuchamos a muchas personas expresar, casi con nostalgia, su deseo de volver a la rutina cuando están de vacaciones. Esto es algo que nos lleva a reflexionar profundamente. ¿Cómo hemos llegado a un punto en el que anhelamos la monotonía en lugar de abrazar la libertad y la aventura que las vacaciones pueden ofrecer? La respuesta a esta pregunta reside en cómo la sociedad y nuestras propias mentes han sido condicionadas a lo largo del tiempo. La necesidad de la monotonía, paradójicamente, también puede relacionarse con nuestra aversión al cambio. El ser humano tiende a sentir cierta inquietud ante la incertidumbre, y la rutina proporciona una sensación de control y predictibilidad en medio de un mundo impredecible. Esto nos lleva a aferrarnos a lo conocido, incluso si nos hace sentir atrapados o insatisfechos.

Además, como hemos mencionado, la sociedad también desempeña un papel importante en esta dinámica. A menudo, se nos juzga y se nos hace sentir diferentes al resto cuando buscamos aventura, cambio o una vida fuera de lo común. La presión social para encajar en el molde de la rutina es fuerte, y la opinión de los demás puede ser un gran condicionamiento.

La vida está llena de oportunidades emocionantes y desafiantes que solo podemos descubrir si nos aventuramos más allá de nuestras zonas de confort. Recuerda lo feliz que fuiste la vez que hiciste ese viaje; aquella vez que te cruzaste con un desconocido y terminaste riendo; cuando hiciste esa escapada y pensaste: ¿y si me quedo a vivir aquí?

Aprovechar nuestras vacaciones, por ejemplo, no debería significar simplemente escapar de la rutina, sino buscar experiencias significativas que nos permitan crecer y enriquecernos como individuos. Es un momento para descubrir nuevas pasiones, aprender sobre diferentes culturas, conectarnos con nosotros mismos y con los demás de una manera más profunda. Para romper con la necesidad de la monotonía, es fundamental reevaluar nuestras prioridades y cuestionar la narrativa que nos han inculcado sobre la estabilidad y la seguridad como la única fuente de felicidad. La verdadera felicidad se encuentra en la aventura, la autenticidad y la búsqueda de nuestros sueños más profundos. Es un proceso desafiante, pero esencial para vivir la vida que llevas años buscando.

Cada uno de nosotros tiene un viaje único por recorrer en esta vida, y lo que puede ser la norma para algunos puede no ser lo adecuado para otros. Escucha tu corazón, persigue tus sueños y no te dejes arrastrar por la envidia o la frustración de los demás. Al final del día, tu vida es tuya para vivirla de la manera que más te llene de significado y felicidad.

La auténtica conexión se revela cuando nos permitimos explorar y perseguir con valentía aquello que verdaderamente deseamos.

Capítulo 13. *Preocúpate de tus asuntos*

¿Alguna vez has experimentado la sensación de que alguien cercano no te brinda el reconocimiento que mereces por tus logros? Puede ser que, en lugar de celebrar contigo, parezca distante o incluso crítico cuando compartes tus éxitos. Esta situación puede generar una sensación de desánimo o incomprensión. Además, es posible que tengas alrededor a personas que constantemente cuestionan tus elecciones de vida. Sus expresiones de desaprobación o preocupación pueden convertirse en una presión constante, haciendo que te sientas atrapado entre seguir tus propios deseos y cumplir con las expectativas de quienes te rodean. Estas experiencias son más comunes de lo que podrías imaginar.

La envidia es un sentimiento que todos hemos experimentado en algún momento de nuestras vidas, y a menudo se manifiesta de manera sutil a través de voces familiares en nuestro entorno. Esas voces que nos dicen que no somos capaces de lograr algo, que debemos esperar a una «mejor ocasión» o que intentan desanimarnos sutilmente. Esto es un fenómeno universal que se gesta en el corazón humano cuando percibimos que alguien más está en camino de lograr algo que nosotros mismos anhelamos, pero no nos atrevemos a buscar. En este capítulo, exploraremos la envidia en el contexto de aquellos individuos valientes que desafían sus propias barreras. Estos son los soñadores, los buscadores de horizontes más allá de la zona de confort, los que inspiran tanto admiración como, en ocasiones, envidia. Pero ¿por qué la envidia se apodera de nosotros cuando vemos a alguien emprender un camino de transformación y autodescubrimiento?

Estos celos, en su núcleo, son una respuesta emocional compleja que surge cuando sentimos que otro está alcanzando un lugar al que nosotros aspiramos, pero que nos parece inalcanzable. Cuando alguien desafía las limitaciones autoimpuestas o se aventura más allá de la rutina y la comodidad, puede despertar un sentimiento de inquietud en quienes no se han atrevido a hacer lo mismo.

En la travesía de la vida, es inevitable encontrarse con personas que, en su afán por hacerte cuestionar tus elecciones y tu camino, proyectan su propia frustración sobre ti. Estas críticas, a menudo veladas como consejos o preocupaciones bien intencionadas, pueden plantar semillas de duda en tu mente y socavar tu confianza en la dirección que has elegido. Pero es esencial comprender la verdadera raíz de estas observaciones aparentemente preocupadas. La envidia es una emoción compleja y a menudo incómoda. Cuando alguien en tu vida te critica o te desanima en tu búsqueda de una vida fuera de lo convencional, es importante recordar que esta crítica puede estar arraigada en su propia insatisfacción con su camino. Las personas que no han seguido sus pasiones o han renunciado a sus sueños a menudo proyectan sus arrepentimientos en los demás. Ven en ti el coraje para seguir tus aspiraciones y esto les recuerda las oportunidades que dejaron pasar.

Todavía recuerdo aquel momento en mi vida en el que decidí dar un giro radical a mi rutina diaria. Mis ansias de vivir eran incontenibles, y mi mente bullía con mil planes por explorar. Decía «sí» a cualquier oportunidad que me entusiasmara y anhelaba conocer a nuevas personas, explorar nuevos lugares y considerar la idea de mudarme a lo desconocido. En ese momento, antiguos amigos comenzaron a cargar sus palabras de críticas, siempre con la intención de ser constructivos, según decían. Su argumento se centraba en la idea de que, con el paso del tiempo, perdería la disposición para seguir persiguiendo planes y aventuras distintos a los que la mayoría seguía. Pero yo, obstinada en mi convicción, desechaba esas advertencias. La razón detrás de mi resistencia era sencilla: durante mi camino, había conocido a personas de todas las edades, y su pasión por la vida y su deseo de explorar lo nuevo no habían disminuido con los años. Siempre he defendido la creencia de que la edad, si bien influye en ciertos aspectos de la vida, no debe jamás ser un impedimento para continuar abrazando la aventura, la curiosidad y la voluntad de cambiar. Aquellos que insistentemente me recordaban que «ya lo vería en el futuro» estaban, sin duda, hablando desde su propia frustración. La razón de su pesimismo radicaba en que no podían permitirse las mismas aspiraciones.

Cuando hablo de «poder», no me refiero a la capacidad real, sino a la disposición interior para afrontar el cambio. Sus vidas estaban estructuradas y cualquier alteración los aterraba. Así que intentaban persuadirme de que mi actitud cambiaría con el tiempo, aunque yo no pudiera evitar ver la desilusión en sus ojos. Las voces críticas que se alzan en contra de nuestras decisiones provienen de un lugar de inmovilidad, de una vida atrapada en la monotonía. Aquellos que no se atreven aventurarse a menudo intentan sembrar dudas en quienes lo hacen, no por maldad, sino porque reflejan sus propios temores y limitaciones. En ese momento, decidí con firmeza seguir mi camino sin permitir que las palabras ajenas me desviaran de mis sueños. Entendí que la resistencia a la novedad es, en sí misma, una manifestación de miedo, y que el coraje de desafiar la conformidad y explorar lo desconocido es un regalo que no deberíamos dar por sentado.

El acto de resistir a las expectativas convencionales y seguir nuestro propio rumbo puede ser solitario, pero también profundamente gratificante. El miedo y la envidia de otros pueden ser obstáculos en nuestro camino, pero si los enfrentamos con compasión y determinación, podemos transformar esas barreras en puentes hacia una vida plena. La vida está llena de oportunidades emocionantes, y la edad no es una barrera para la pasión y el cambio. El mensaje es claro: no permitas que las voces que te advierten de la pérdida de entusiasmo te detengan. Mantén viva tu llama interior, sigue tus instintos y confía en que el viaje fuera de tu zona de confort te recompensará con experiencias que enriquecerán tu vida de formas inimaginables.

A mis pacientes, siempre les recuerdo esta frase: «No aceptes críticas constructivas de aquellos quienes no han construido nada».

Esta simple pero poderosa afirmación nos invita a reflexionar sobre la fuente y el propósito de la crítica constructiva en nuestras vidas. La crítica puede ser una herramienta valiosa para el crecimiento personal y la mejora, siempre y cuando provenga de fuentes que han demostrado su capacidad para construir, crear y aprender. A menudo, las críticas bien intencionadas de personas que no han logrado construir sus propios sueños y metas pueden estar cargadas de envidia o inseguridad. Pueden ser un reflejo de sus propias frustraciones y limitaciones en lugar de una guía genuina para nuestro desarrollo. Cuando enfrentamos críticas, es esencial considerar la fuente. Aquellos que han construido algo significativo en sus vidas, que han superado desafíos y han logrado sus metas, tienen una perspectiva valiosa para ofrecer. Pueden proporcionar orientación basada en la experiencia y el conocimiento ganados a lo largo de su viaje. Por otro lado, si aceptamos críticas constructivas de personas que no han logrado lo que deseaban, debemos hacerlo con precaución. No se trata de descartar sus opiniones, pero sí de evaluarlas cuidadosamente y considerar si están basadas en una genuina preocupación por nuestro bienestar o si son un intento de proyectar sus propias frustraciones sobre nosotros. La próxima vez que te enfrentes a críticas, recuerda esta afirmación. Pregúntate de quiénes proviene la crítica y si han demostrado su capacidad para construir y aprender.

Mantén tu mente abierta a las voces de aquellos que han recorrido el camino y están dispuestos a ayudarte a crecer, pero no dejes que las dudas de aquellos que no han construido sus propios sueños te desvíen de tu camino. La crítica constructiva es valiosa, pero solo cuando proviene de fuentes confiables y con experiencia.

No obstante, en el viaje hacia la trascendencia, nos topamos con voces singulares que, aunque no emprendan cambios significativos en sus vidas debido a diversas razones, se convierten en faros luminosos de inspiración. Estas personas, a pesar de no movilizar sus propias existencias, tienen el don de impulsar a otros hacia la acción. Son joyas ocultas en nuestro camino, recordándonos que las limitaciones son solo obstáculos temporales, no barreras insuperables. Estas voces, cargadas de empatía y sabiduría, nos enseñan la valiosa lección de la aceptación. Nos muestran que, a pesar de las adversidades, el espíritu humano puede elevarse por encima de las circunstancias. Su poder radica en su capacidad para inyectar fe en nuestros corazones, para recordarnos que nuestras capacidades son ilimitadas y que nuestros sueños merecen ser perseguidos con pasión y determinación. Nos desafían a cuestionar nuestras propias dudas y a reconocer la fuerza latente que reside en cada uno de nosotros. Estas voces nos enseñan que la trascendencia no está limitada por las condiciones físicas o las responsabilidades. Nos inspiran a ver más allá de las apariencias, a valorar la resiliencia y a reconocer que, incluso en las situaciones más desafiantes, hay espacio para el crecimiento personal y la realización de nuestros anhelos. Así, en nuestro viaje, estas voces se convierten en guías silenciosas que nos animan a persistir, a creer en nosotros mismos y a abrazar la vida con valentía. Son testimonios vivos de que la verdadera trascendencia reside en nuestra capacidad para superar las limitaciones autoimpuestas y abrazar la totalidad de la experiencia humana, con todas sus alegrías y desafíos. Estas voces nos recuerdan que la trascendencia no está determinada por las circunstancias externas, sino por la fuerza interna que cultivamos y nutrimos en nuestro viaje hacia el autodescubrimiento y la realización personal.

Por otra parte, es probable que todos tengamos en nuestro círculo a alguien que constantemente critica a los demás, ya sea por su apariencia física o por su forma de abordar la vida, especialmente aquellos que se destacan por su singularidad. Esta crítica constante, en la mayoría de los casos, encuentra su origen en la profunda insatisfacción y una baja autoestima en la vida de quienes la emiten. A menudo, estas personas, atrapadas en sus propias inseguridades y descontento, dirigen su atención hacia los demás como una estrategia para distraerse de sus propios deseos y carencias. Al enfocarse en las elecciones, tanto físicas como psicológicas, de aquellos que se atreven a ser diferentes, intentan desviar la mirada de sus propias inseguridades y la insatisfacción con sus vidas. La crítica a menudo se convierte en un mecanismo de defensa para mantener a raya los pensamientos y deseos no resueltos. Al señalar las elecciones de los demás, estas personas pueden sentir un alivio temporal de sus propias luchas internas y la necesidad de enfrentar sus propias inseguridades. Este comportamiento, aunque perjudicial tanto para quienes critican como para quienes son objeto de críticas, es un recordatorio de la importancia de abordar nuestras propias inseguridades y cultivar una autoestima sólida. Reconociendo que la crítica constante es una manifestación de una autoestima debilitada, podemos comenzar a abordar la raíz del problema en lugar de simplemente reaccionar ante la crítica. Para aquellos que enfrentan el juicio, es fundamental comprender que las palabras de los críticos no reflejan su verdadera valía ni la calidad de sus elecciones. En cambio, estas críticas hablan más sobre las luchas internas de quienes las emiten. Al mantener una autoestima saludable y confiar en sus elecciones, uno puede resistir las opiniones y mantener su integridad. Para aquellos que emiten críticas constantes, este comportamiento puede servir como una señal de alarma para abordar sus propias inseguridades y descontento. Al reconocer que hablar negativamente de los demás no es una solución a sus problemas personales, pueden buscar formas más saludables de enfrentar sus desafíos internos y buscar la satisfacción en lugar de proyectar su insatisfacción sobre los demás.

El hecho de que alguien te critique o te hable desde un lugar de envidia no significa que debas abandonar tu camino o ceder a las expectativas convencionales. Más bien, es una oportunidad para practicar la empatía y la comprensión hacia esa persona. Reconoce que su crítica puede reflejar sus propias luchas internas y, en lugar de tomarla como un ataque personal, ofrécele compasión. Recuerda que vivir una vida auténtica y seguir tus pasiones no siempre será bien recibido por todos. La sociedad a menudo valora la conformidad y la seguridad sobre la individualidad y la aventura. Aquellos que se atreven a salirse de la norma pueden enfrentar resistencia y juicio por parte de aquellos que no se han atrevido a hacerlo. No permitas que la envidia de los demás te haga dudar de tus elecciones. Confía en tu intuición y en tu visión de lo que significa una vida plena. Las voces de la negatividad pueden ser ruidosas, pero no tienen por qué dictar tu camino. En lugar de ello, usa esas críticas como combustible para fortalecer tu determinación y tu resiliencia.

Así que, querido lector, quédate con alguien que, al contarle las cosas buenas que te suceden, tenga esa chispa en los ojos que hace difícil distinguir si brilla más la luz en sus ojos mientras te escucha o la que se refleja en los tuyos mientras compartes tus alegrías.

La vida toma un giro significativo cuando te permites liberarte de las expectativas ajenas y de los «deberías» impuestos por otros.

Capítulo 14. *Si voy solo, ya no es lo mismo*

En este punto del libro, habrás reflexionado sobre todo lo que hemos explorado en los capítulos anteriores. Sin embargo, es probable que surja una inquietante pregunta en tu mente: «Si sigo hacia mis sueños y es probable que deje atrás a amigos y/o familiares, ¿terminaré solo? ¿Cómo enfrentaré esta situación?».Esta interrogante nos lleva a un espacio de introspección profunda: ¿cuánto tiempo podemos soportar nuestra propia compañía en el silencio? Cuando nos encontramos solos, sin distracciones ni ruido, ¿cuánto tiempo transcurre antes de que los pensamientos negativos y las dudas empiecen a aflorar?

Esta indagación merece una atención reflexiva y meticulosa. Entablar una conexión con la soledad no se configura como un sendero fácil, sobre todo cuando hemos arraigado la costumbre de colmar nuestras existencias con planes y personas, en un intento de eludir el cara a cara con nuestra propia esencia. En los momentos de serenidad, desentrañamos las capas de nuestra verdadera naturaleza, confrontando nuestras aspiraciones más profundas, nuestros miedos más arraigados y nuestros deseos más íntimos.

Aprender a acoger la soledad como una oportunidad para la autoexploración se torna esencial en nuestro viaje de crecimiento personal y en la travesía hacia la realización de nuestros sueños. En la quietud de esos instantes solitarios, se gesta la posibilidad de comprendernos a nosotros mismos de manera más completa y auténtica. Este proceso introspectivo no solo es un requisito para el autodescubrimiento, sino también un componente esencial para alcanzar el éxito en la persecución de nuestras metas. En primer lugar, es crucial destacar la recurrente confusión que embarga a muchas personas al equiparar la soledad con la mera condición de estar solo. En nuestra sociedad, se tiende a vincular la soledad con la tristeza y la carencia de compañía; no obstante, estos dos conceptos son íntimamente distintos. La situación de estar solo denota simplemente la ausencia de compañía en un momento específico, mientras que la soledad constituye una vivencia emocional más profunda, susceptible de acontecer incluso en medio de la multitud. La soledad, lejos de hallarse atada a la cantidad de individuos que nos rodean, encuentra su raíz en la manera en que nos experimentamos en su presencia. Asimismo, se revela como la senda más eficaz hacia el conocimiento íntimo. Con frecuencia, la tememos, pues nos confronta con los estratos más profundos de nuestros pensamientos, con nuestros miedos más recónditos y anhelos más secretos. En este espacio introspectivo, nos vemos cara a cara con nuestras auténticas pasiones y deseos, o con nuestra tristeza, desprovistos de distracciones o influencias externas.

Aunque inicialmente esta inmersión en uno mismo pueda parecer desafiante y dolorosa, resulta esencial para desentrañar el núcleo de quiénes somos verdaderamente y discernir nuestras auténticas aspiraciones en la vida. En el silencio de la introspección, se gesta la oportunidad de descubrir la verdad más íntima de nuestro ser. Afrontar la soledad es una experiencia transformadora. Nos permite entender lo que verdaderamente anhelamos y necesitamos para nosotros mismos y en nuestras relaciones. Al explorarla de manera consciente, podemos aprender a disfrutar de nuestra propia compañía y a ser autosuficientes emocionalmente. Esto no significa renunciar a las relaciones, sino más bien fortalecer nuestra independencia emocional para que podamos establecer conexiones más saludables y significativas con los demás.

También nos enseña a abrazar la incertidumbre. En la vida, enfrentamos constantemente situaciones inciertas y desconocidas. El miedo a lo desconocido puede llevarnos a buscar constantemente la compañía de otros para sentirnos seguros. Sin embargo, la verdad es que la vida está llena de cambios y transiciones, y no siempre podemos tener certeza sobre lo que depara el futuro. Cultivar la capacidad de gestionar la inseguridad surge como una habilidad importante en el camino del desarrollo personal. La soledad, en este contexto, proporciona una plataforma para ejercitar la aceptación de la incertidumbre y forjar la resiliencia. Revela que la seguridad no siempre emana de poseer todas las respuestas, sino más bien de la confianza en nuestra capacidad para adaptarnos y confrontar los desafíos que la vida nos depara. En la quietud de la soledad, se gesta la oportunidad de aprender a danzar con la incertidumbre, reconociendo que en esa danza hallamos el temple necesario para afrontar las complejidades de nuestro devenir.

Ahora bien, en los raros momentos en los que te encuentras a solas, es probable que busques constantemente distracciones. Ya sea sumergiéndote en el mundo digital de tu teléfono móvil, sintonizando la televisión o, incluso, tratando febrilmente de encontrar un plan que te aleje de la soledad. Parece que la idea de enfrentarte a ti mismo sin las ataduras de la tecnología o la compañía se ha vuelto inquietante. Y, lo que es más, has experimentado que cuando te aventuras en esa soledad introspectiva, los pensamientos negativos a menudo afloran, eclipsando la tranquilidad que ansías. Por ello, prefieres escapar de estos pensamientos sombríos con cualquier estímulo exterior disponible. El resultado de esta fuga constante es que rara vez te concedes el tiempo necesario para explorar tu mundo interior. Te has dado cuenta de que, si lo hicieras, podrías tropezar con pensamientos y emociones que preferirías evitar. Aceptar estas realidades incómodas te llevaría a adentrarte en la profundidad de tu ser y a descubrir aspectos de ti mismo que has mantenido ocultos. Y temes, porque esto podría minar tu estado de ánimo y tu estabilidad emocional.

Este patrón es más común de lo que podrías imaginar. La sociedad actual nos ha llevado a buscar constantemente estímulos externos, a huir de la soledad y de la posibilidad de enfrentarnos a nuestra propia mente. Es una lucha que afecta a muchos de nosotros en diferentes grados. Sin embargo, aquí está la reflexión profunda: la verdadera conexión contigo mismo, el autodescubrimiento y la comprensión de tus emociones ocurren en esos momentos silencio. Aunque pueda parecer aterrador al principio, son precisamente estos instantes los que te permiten conocerte a un nivel superior, sin las máscaras que usas en la sociedad. En lugar de huir de los pensamientos negativos, date la oportunidad de explorarlos. A menudo, son mensajes que tu mente te envía, pidiendo atención a áreas de tu vida que necesitan ser atendidas. La soledad y la introspección son los espacios donde puedes abordar estos razonamientos, comprender su origen y tomar medidas para transformarlos enemociones más positivas. Al enfrentarte a ti mismo, incluso en esos momentos iniciales de ansiedad, estás dando un paso valiente hacia un mayor autoconocimiento. A medida que te sientes más cómodo en tu propia compañía, encontrarás que la soledad se convierte en un refugio, un lugar de descanso en lugar de una fuente de temor y escapatoria. Te darás cuenta de que, en medio de esa quietud, puedes encontrar la paz interior y la claridad que has estado buscando durante tanto tiempo.

La soledad, distante de ser una adversaria, se revela como una fiel compañera de viaje que, si bien no está predestinada para todos, alberga lecciones de gran valía que muchos eluden enfrentar. La comprensión de esta reticencia es palpable: el temor ante lo desconocido, la inquietud por perder conexiones y el abrazo de la incertidumbre son emociones de una potencia que nos atan a relaciones tóxicas o a situaciones insostenibles. En el silencio, sin embargo, aguarda la posibilidad de explorar las profundidades de nuestro ser y desentrañar verdades esenciales que, de otro modo, podrían permanecer veladas por el bullicio del mundo exterior. Es natural preguntarse: «¿Cómo voy a dejar a mi pareja?, ¿a quién voy a encontrar después?, ¿me quedaré solo?», o quizás «¿Cómo voy a romper la comunicación con mis padres, hermanos o hijos, a pesar del daño causado?, ¿qué será entonces de mí en el futuro?, ¿me quedaré solo?». Incluso puede surgir la inquietud de «¿Cómo voy a aventurarme en un viaje en solitario?, ¿con quién compartiré mis pensamientos y mi tiempo?, ¿cómo puedo mudarme lejos de mi entorno? Y si no conozco a nadie, ¿qué haré con mi tiempo libre?». Estas preguntas han rondado las mentes de muchos, quizás incluso la tuya.

La clave para entender estos parámetros y sus implicaciones radica en la disposición a enfrentar estos interrogantes. A menudo, aflora el temor porque asociamos esta desconexión con los demás con aislamiento y abandono. Sin embargo, puede ser un espacio de exploración eficaz y eficiente. Es en estos momentos donde nuestras voces internas se vuelven más audibles, donde nuestros anhelos auténticos y nuestros miedos latentes emergen con mayor claridad. El viaje hacia la autoconciencia implica comprender que no siempre es necesario llenar cada momento con compañía para sentirnos completos. Se trata de aprender a disfrutar de nuestra propia compañía, de encontrar satisfacción en la exploración de nuestros pensamientos y sueños, y de reconocer que la soledad es un regalo que nos permite conocernos de una manera más profunda. Romper lazos tóxicos y alejarse de relaciones perjudiciales puede ser doloroso, pero es un paso vital hacia un futuro más saludable. El camino de la autoafirmación y la autenticidad puede implicar la soledad temporal, pero es en ese espacio donde encontramos la claridad para sanar, crecer y forjar relaciones más relevantes.

Por ejemplo, realizar un viaje en solitario o mudarse a un lugar desconocido pueden ser desafiantes, pero también son oportunidades para crear nuevas conexiones y explorar nuevas perspectivas. La soledad no es un destino final, sino un sendero que nos guía hacia una comprensión más profunda de nosotros mismos y del mundo que nos rodea.

A lo largo de los años, he escuchado innumerables veces la misma afirmación: «¡Qué valiente eres!». Esta observación ha surgido tras numerosos planes en solitario, desde aventuras cotidianas hasta exploraciones más audaces. Y esta repetición constante de elogios me lleva a una reflexión profunda sobre la percepción que tenemos de la valentía en relación con la soledad. ¿Por qué se considera valiente a aquellos que se aventuran a hacer planes sin nadie más? ¿Qué es lo que hace que esta elección sea vista como extraordinaria? La respuesta a estas preguntas es un recordatorio de cuán intrincada es la relación entre la sociedad, la individualidad y el temor a la soledad.

A menudo se sobrevalora la compañía constante, y la necesidad de estar rodeados de otros para sentirnos completos. El no estar acompañado es visto como un vacío que debe llenarse, y aquellos que desafían esta norma social son percibidos como valientes o «raros». Pero ¿por qué es valiente disfrutar de ti mismo? La valentía radica en la capacidad de uno para estar consigo mismo, en la disposición de explorar su propio mundo interior sin distracciones. Es valiente porque enfrenta la incomodidad de los pensamientos no filtrados, de las conversaciones internas crudas y, a veces, de la autocrítica sin piedad. La valentía se encuentra en la disposición de mirarse de frente, en la búsqueda de autenticidad y autoconocimiento.Pero esto nos lleva a una pregunta aún más profunda: ¿Qué impide a tantos de nosotros pasar tiempo a solas? ¿Por qué se siente aburrido o incluso peligroso? La respuesta a esto reside en nuestros propios miedos y evasiones. La soledad nos enfrenta a nuestros deseos y temores, y a veces a la necesidad de cambiar lo que no nos satisface. La verdad es que pasar tiempo a solas no debería ser un acto valiente, sino una proeza de autocompasión. Es un regalo que nos damos, una oportunidad para recargarnos, reflexionar, relajarnos y conectarnos con lo que realmente somos: nos permite explorar nuestro mundo interior, afrontar nuestras dudas y celebrar nuestras alegrías, así como analizar qué áreas debemos mejorar o cambiar.

Cabe destacar que quienes no han experimentado la soledad en su forma más profunda a menudo enfrentan dificultades para establecer conexiones auténticas y saludables con los demás. La verdadera conexión con la soledad va más allá de simplemente estar físicamente solo como mucha gente cree, como viendo la televisión en casa o realizando tareas cotidianas en solitario. Implica un viaje introspectivo, un encuentro con uno mismo que solo se produce cuando enfrentamos momentos de aislamiento completo, donde los estímulos externos no pueden definir quiénes somos ni son conocidos para nosotros.

Todo esto, al principio, puede resultar intimidante. Al embarcarse en la práctica de realizar actividades sin nadie más, es natural sentirse incómodo. La mente puede ser invadida por pensamientos que nos etiquetan como personas que disfrutan más de la compañía de otros. Sin duda, somos seres sociales que valoramos la interacción y el compartir experiencias con amigos y seres queridos. Sin embargo, es igualmente esencial saber conectar con nuestro yo más profundo, esa parte de nosotros que a menudo queda en segundo plano en medio del bullicio de la vida cotidiana. Esta conexión nos brinda una claridad que a menudo se pierde en medio de las distracciones. A medida que nos exploramos, nos damos cuenta de que es en esos momentos de introspección donde podemos discernir con mayor precisión nuestros verdaderos deseos y sueños. A veces, la comodidad de la compañía puede convertirse en un velo que oculta nuestra auténtica esencia y las decisiones que debemos tomar en nuestro camino. Recordemos siempre que, aunque inicialmente pueda resultar inquietante, es una oportunidad para crecer y evolucionar. No debemos permitir que la comodidad constante se convierta en una amenaza para nuestro desarrollo personal y nuestro proceso de autodescubrimiento. Es en esos momentosdonde podemos hallar la fuerza y la claridad necesarias para tomar decisiones que nos llevarán hacia un futuro más alineado con nuestras verdaderas metas.

Sin lugar a dudas, querido lector, mi viaje personal a la soledad se ha enriquecido con las experiencias compartidas de muchas otras almas intrépidas que, al igual que yo, se aventuraron en solitario en diferentes caminos de la vida. Estos encuentros no solo han ampliado mi perspectiva, sino que me han proporcionado lecciones profundas y valiosas que deseo compartir contigo. Conectar con uno mismo es un viaje extraordinario y fascinante, uno que cambiará la forma en que ves el mundo y te percibes a ti mismo. La soledad no es el enemigo que a menudo tememos, sino una compañera de viaje que nos brinda la oportunidad de explorar nuestra propia esencia y descubrir el poder de la autenticidad. Cuando te permites abrazarte, comienzan a ocurrir cosas maravillosas en tu vida. Te encuentras con personas extraordinarias que, de una manera u otra, se cruzan en tu camino para enseñarte algo importante. A veces, son conversaciones con desconocidos que te brindan lecciones de vida invaluables. Otras veces, son encuentros fortuitos que te dejan una impresión duradera y cambian tu perspectiva.

Pero la magia más profunda ocurre dentro de ti. A medida que exploras tus pensamientos y emociones en silencio, te conoces en un nivel más profundo y auténtico. Esta autoconexión no solo te permite establecer límites claros en tus relaciones y en tu vida, sino que te capacita para ir más allá de esos límites y abrirte plenamente a las posibilidades que deseas. Este viaje es un camino hacia la autorreflexión. Te desafía a explorar tus sueños y temores, a cuestionar tus creencias arraigadas y a liberarte de las expectativas ajenas. A medida que te sumerges en este camino, descubres una fuerza interior que te permite abrazar la vida con un sentido renovado de propósito y pasión.

Seguro que alguna vez has visto a alguien comiendo solo en un restaurante, esperando solo en una puerta de embarque o simplemente sentado en un banco, y sorprendentemente te produce pena o asombro. La soledad es una compañera ocasional que encuentra su morada en los aeropuertos, en cada ciudad y en cada rincón del mundo. Entre las multitudes apresuradas y las trayectorias cruzadas, existe una minoría que lleva consigo el peso y la gracia de la singularidad. Es fascinante contemplar la paradoja de nuestra presencia solitaria en medio de la bulliciosa realidad que nos rodea. Somos pocos, pero nuestro eco resuena con una melodía única y especial. En esos espacios de tránsito y transitoriedad, cada uno de nosotros carga con historias, sueños y anhelos, creando un tapiz humano que se despliega silenciosamente en la trama del tiempo. Es en la soledad compartida de los aeropuertos y en la diversidad de ciudades que encontramos la resonancia de nuestra existencia. Nuestro ruido no es estridente, pero es distinto y resuena en la sinfonía universal de la vida. En la aparente desconexión, tejemos la red invisible de conexiones humanas, recordándonos a nosotros mismos y a los demás que, aunque individualmente seamos una minoría, colectivamente formamos parte de una narrativa más amplia.

En ocasiones, nos encontramos perdidos en los laberintos de la melancolía, atrapados en los remolinos de nuestras emociones, sintiéndonos como si estuviéramos al borde del abismo, esperando en vano a que alguien llegue a rescatarnos. Pero en este viaje singular que es la vida, la realidad nos susurra una verdad inmutable: la mayoría están ocupados luchando sus propias batallas. En ese silencio, la única mano que puede elevarnos de las profundidades oscuras somos nosotros mismos. La autosuperación se convierte en una danza con nuestra propia vulnerabilidad, un renacimiento de nuestra fortaleza interna que yace latente, esperando ser descubierta.

La soledad, en su silencio introspectivo, constituye el inicial peregrinaje hacia la libertad interior.

Capítulo 15. *No, por si acaso*

¿Qué representa para ti el fracaso? Detente un segundo a reflexionar sobre ello. Piensa en las veces que no has hecho algo por culpa del miedo a fallar. Piensa en aquellas veces que has sentido que tu círculo social sentía una profunda decepción, incluso reflexiona sobre las veces que para ti mismo eras una decepción. El miedo al fracaso está intrínsecamente ligado a la percepción de la imperfección. La sociedad y las expectativas externas contribuyen a forjar esta conexión, alimentando la creencia de que el fracaso no solo es una caída temporal, sino un juicio implacable sobre nuestra valía como individuos. En nuestras mentes, este temor se alza como una montaña imponente, obstaculizando nuestro camino hacia el crecimiento y la autorrealización. Este capítulo nos adentrará en las profundidades de la psicología detrás del miedo al fracaso y la culpa y en cómo, de manera paradójica, este miedo nos mantiene encadenados a nuestra zona de confort.

El fracaso, en su esencia, es una experiencia subjetiva. Cada uno de nosotros puede tener una definición única de lo que constituye. Para algunos, puede ser no alcanzar ciertas expectativas académicas o profesionales. Para otros, puede significar no cumplir con estándares personales de perfección en relaciones o logros personales. Sea cual sea la forma en que lo definamos, el miedo al fracaso es universal y arraigado en la naturaleza humana. Este temor a menudo se origina en el deseo profundo de ser aceptados y valorados por los demás. Desde una edad temprana, se nos enseña a buscar la aprobación y el reconocimiento de nuestros padres, maestros y compañeros. Por otro lado, parece socavar esta búsqueda de validación. Tememos que, si fallamos, seremos juzgados, rechazados o incluso marginados. Pero nadie nos enseña a abrazarnos y aceptarnos cuando el mundo se nos desmorona. Es aquí donde la culpa entra en juego. Esta, como una sombra sutil pero persistente, se instala en los rincones más íntimos de nuestra conciencia. Nos culpamos a nosotros mismos de acciones pasadas, decisiones equivocadas y oportunidades perdidas. Es una carga emocional que llevamos, a menudo sin ser plenamente conscientes de su peso, pero que influye en la percepción de nosotros mismos y en la manera en que enfrentamos el presente. La culpa, en su esencia, es una manifestación de nuestra capacidad para reflexionar y evaluar nuestras acciones. Es un recordatorio de nuestra propia moralidad y de las expectativas que tenemos para nosotros mismos. Sin embargo, con frecuencia, la culpa se transforma en una fuerza destructiva que nos ata a un pasado que ya no podemos cambiar. Nos culpamos por errores que cometimos, como si fuéramos los mismos individuos hoy que éramos entonces. Esta autoincriminación nos impide reconocer el crecimiento personal que hemos experimentado y nos condena a una versión estática. La realidad es que somos seres en constante evolución, y la comprensión compasiva de nuestras imperfecciones es esencial para nuestro desarrollo emocional. A menudo, nos culpamos por situaciones que están más allá de nuestro control, olvidando que la vida es inherentemente impredecible. Culparnos por circunstancias externas solo sirve para aumentar nuestro sufrimiento y obstaculizar nuestra capacidad para enfrentar los desafíos con resiliencia y aceptación. La culpa y el fracaso también pueden surgir de expectativas poco realistas que nos imponemos a nosotros mismos. La búsqueda constante de la perfección nos lleva a condenarnos por no alcanzar estándares inalcanzables. Es fundamental entender que la perfección es una quimera y que la autenticidad y el crecimiento se encuentran en la aceptación de nuestras imperfecciones.

La sociedad moderna, con su énfasis en el éxito, la competencia y la comparación constante, agudiza este miedo. Nos comparamos constantemente con los demás en áreas como la carrera, las relaciones, las posesiones materiales y la apariencia. La presión para cumplir con las expectativas, tanto externas como internas, es abrumadora. Este temor se convierte en una sombra constante que nos acecha y nos lleva a anclarnos a la zona de confort, una especie de refugio donde nos sentimos protegidos de las posibles críticas y desilusiones. Dentro de esta zona, evitamos arriesgarnos, buscar desafíos significativos o explorar nuevas oportunidades. La paradoja es que, al quedarnos en esta zona, perpetuamos una forma sutil de autoderrota. Evitamos el fracaso a corto plazo, pero al hacerlo, limitamos nuestro crecimiento a largo plazo. En lugar de aprender de nuestros errores y superar obstáculos, nos aferramos a una sensación ilusoria de seguridad.

La historia de Claudia es un relato conmovedor que ilustra cómo las palabras hirientes y la discriminación pueden teñir el lienzo de nuestras vidas con tonos oscuros de autodesprecio. La influencia de su jefa se convirtió en una tormenta emocional que la sumergió en meses de profunda tristeza, eclipsando la luminosidad que solía acompañar sus días. La impactante revelación de su superior, cuestionando sus habilidades y sugiriendo que quizá no era suficiente, resonó como un eco negativo en su mente. El trabajo que alguna vez fue un sueño ahora se transformaba en una pesadilla emocional, desencadenando una serie de pensamientos autodestructivos. La semilla de la duda germinó, convirtiéndose en un bosque denso de inseguridades que eclipsaron sus logros y desviaron su mirada hacia la insatisfacción. Claudia, en su dolor, se culpaba a sí misma. La carga de la culpa se volvía cada día más pesada, como una losa que la ataba al pasado y la hacía cuestionar su valía. ¿Y si hubiera elegido otro camino profesional? ¿Y si ese día en particular hubiera realizado sus tareas de manera diferente? Estas preguntas, como fantasmas persistentes, la atormentaban, impidiéndole ver la belleza en sus logros y la valía en su esfuerzo diario. En este contexto, es crucial que Claudia se dé cuenta de que el juicio de su jefa no define su valía ni determina su capacidad. La discriminación no es un reflejo preciso de su competencia como ser humano. La tristeza que ha experimentado es real y válida, pero no debe convertirse en la única narrativa que define su existencia.

Entonces, ¿cómo podemos liberarnos del miedo al fracaso y salir de esta trampa psicológica? La respuesta comienza con la aceptación de que el fracaso es una parte inevitable de la vida y, a menudo, una fuente de aprendizaje profundo. Reconocer que el fracaso no define nuestra valía como individuos es el primer paso hacia la liberación. Es importante recordar que algunas de las figuras más admiradas de la historia han experimentado fracasos significativos antes de alcanzar el éxito. El fracaso no debe ser visto como una derrota final, sino como un trampolín para el crecimiento y la mejora personal. Al abrazar el miedo al fracaso y la culpa como una oportunidad para aprender, crecer y evolucionar, podemos empezar a dar pasos audaces fuera de nuestra zona de confort. Comenzamos a explorar nuevos territorios, a asumir desafíos y a perseguir nuestros sueños con una valentía renovada. No hay garantía de que no experimentemos fracasos en el camino, pero lo que podemos garantizar es que este temor ya no será el capitán de nuestro barco. En lugar de permitir que nos paralice, lo utilizamos como combustible para impulsarnos hacia el crecimiento.

El fracaso y la culpa no son simplemente experiencias individuales, sino también manifestaciones de las presiones y expectativas de nuestro entorno social. Inmersos en una cultura que a menudo mide el valor personal por el éxito profesional, nos vemos sometidos a la constante presión de alcanzar estándares aparentemente inalcanzables. La sociedad, en su afán de valorar el rendimiento por encima del bienestar emocional, puede convertirse en un terreno fértil para el miedo al fracaso. Absorbemos estas expectativas externas y las internalizamos, alimentando así nuestras propias inseguridades y temores. La discriminación laboral y las insinuaciones de no ser suficientes son solo ejemplos de cómo estas presiones sociales pueden influir en nuestra percepción de nosotros mismos. La cultura que prioriza el éxito profesional puede generar un caldo de cultivo para la culpa. Nos culpamos no solo por nuestro desempeño, sino también por no cumplir con las expectativas externas. La creencia errónea de que el valor de una persona está directamente vinculado a su éxito laboral alimenta un ciclo de autocrítica implacable, donde el miedo al fracaso se convierte en una carga compartida por muchos.

Además, la discriminación laboral no es un fenómeno aislado. Refleja una realidad más amplia en la que las jerarquías y los prejuicios pueden obstaculizar el crecimiento personal y profesional de individuos talentosos. La culpa, en este contexto, se convierte en una carga compartida, no solo individual sino también sistémica, alimentada por estructuras que perpetúan desigualdades y estigmatizan el error. Es esencial reconocer que el valor de una persona va más allá de las expectativas sociales y laborales impuestas. El fracaso no debería ser visto como una marca de deshonra, sino como una oportunidad para el crecimiento y el aprendizaje. Al desvincular nuestro sentido de valía de las presiones externas, podemos liberarnos de la culpa paralizante y abrazar una narrativa más compasiva y auténtica en nuestro viaje.

En la vida, sabemos que es inevitable enfrentarse a la crítica de aquellos que, insatisfechos con sus propias trayectorias, buscan señalar cada error ajeno. Sin embargo, en medio de ese tumulto de opiniones a menudo desalentadoras, reside una lección valiosa: convertir cada piedra en el camino en un peldaño hacia el crecimiento. No se trata de vivir en un mundo donde solo los éxitos son aplaudidos y los errores ignorados. Más bien, se trata de abrazar la realidad de que la vida, con sus desafíos y obstáculos, es un viaje ineludible. Cada piedra que encuentras puede convertirse en una oportunidad para fortalecerte, para aprender, y para avanzar con determinación en lugar de convertirte en tu propio saboteador.

A menudo, se tiende a desestimar los logros individuales, y puede suceder que personas cercanas también minimicen tus esfuerzos. Sin embargo, la verdadera esencia del éxito no reside en la aprobación externa, sino en el reconocimiento interno. Comprender que los logros no están destinados únicamente para el aplauso de los demás, sino para celebrar tu propio crecimiento, marca el inicio de una transformación importante. En el momento en que se internaliza esta verdad, la necesidad de impresionar a los demás pierde su relevancia. La búsqueda constante de la aprobación externa cede paso a un autodescubrimiento más genuino y auténtico. Aquí, en este espacio liberado de la carga de las expectativas ajenas, florece la verdadera esencia de uno mismo.

En este viaje de autenticidad, las críticas constructivas son bienvenidas, ya que se convierten en herramientas para el refinamiento. Dejan de ser látigos que castigan y se transforman en guías que señalan áreas de mejora. Al mismo tiempo, este enfoque impide que te infravalores a ti mismo basándote únicamente en la percepción de aquellos que no comprenden completamente tu trayectoria. Recuerda que nadie te conoce más que tú mismo.

La realidad es que nadie está exento de cometer errores. Somos seres imperfectos, moldeados por nuestras experiencias y decisiones. Entonces, ¿por qué permitimos que estos errores determinen nuestra valía como individuos? ¿Quién ha influido en la formación de esta percepción distorsionada de nosotros mismos? La respuesta puede yacer en distintas fuentes. En ocasiones, somos nosotros mismos quienes, con un autodiscurso negativo, forjamos cadenas de autodesprecio. La presión autoimpuesta para alcanzar estándares irreales o la comparación constante con los demás pueden convertirse en un terreno fértil para el sentimiento de fracaso. Nos convertimos en jueces implacables de nuestra propia valía. Pero el desprecio también puede provenir del eco de voces ajenas. Tal vez, en algún momento, alguien cercano o incluso nosotros mismos hemos absorbido críticas que desafiaron nuestra confianza.

Valórate lo suficiente como para no permitir que la opinión de otros defina tu valía. A veces, la imagen que tienes de ti mismo se convierte en tu límite.

Capítulo 16. *Quiero sanar*

¿Alguna vez te has sumido en la reflexión de por qué, a pesar de tus esfuerzos aparentemente incesantes, la esencia de tu vida permanece inmutable? La respuesta a este enigma se insinúa en el silencio de un vacío persistente, un hueco que ninguna acción parece capaz de colmar. Es en ese espacio donde se anida la pregunta esencial: ¿por qué persiste este vacío?

Nos esforzamos por sanar, pero a veces, sin siquiera darnos cuenta, estamos atrapados en un sentimiento de desolación que se resiste a cualquier intento de alivio. ¿Te has preguntado alguna vez qué estás transformando en tu día a día para disminuir ese malestar arraigado? ¿O acaso, sin saberlo, te desplazas en modo automático, permitiendo que la rutina monótona obstruya cualquier posibilidad de encontrar el alivio que tanto anhelas? La búsqueda de respuestas nos conduce a una introspección profunda, a la exploración de los rincones más oscuros de nuestra psique. En esta travesía, descubrimos que, a veces, la complejidad de la inmovilidad emocional no radica en la falta de esfuerzo, sino en la ausencia de una modificación consciente en nuestras acciones diarias. La monotonía, como un sutil veneno, tiñe nuestras vidas cuando caemos en la trampa de la automatización. El actuar de manera mecánica nos priva de la posibilidad de experimentar plenamente cada momento y de ajustar el rumbo según las necesidades del alma. Así, el malestar persiste, inalterado por los intentos superficiales de cambio.

Entonces, el llamado a la reflexión se convierte en un eco suave pero insistente: ¿te atreves a romper con la rutina automática que envuelve tu existencia?, ¿te permitirás explorar nuevas sendas, desafiando la inercia que te mantiene en un estado de estancamiento emocional? En esa pausa reflexiva, en la elección consciente de trascender la automatización, yace la clave para deshacernos del vacío que, hasta ahora, ha resistido incluso a los esfuerzos más sinceros de sanación.

En el camino de la vida, todos experimentamos momentos de dolor, heridas emocionales y desafíos que nos llevan a buscar la sanación. Este proceso es mucho más que simplemente recuperarse de una enfermedad física o superar un trauma; es un viaje profundo hacia la comprensión de uno mismo y la construcción de una vida plena y libre.

A medida que avanzamos en este viaje, nos damos cuenta de que sanar consiste en profundizar en nuestra propia identidad y encontrar un sentido más profundo de quiénes somos. Nos enfrentamos a nuestras heridas internas y empezamos a descubrir la belleza de nuestra autenticidad. Uno de los aspectos más notables de este proceso es cómo nuestros estándares personales cambian a medida que sanamos y nos conocemos mejor. No se trata de arrogancia o elitismo, sino de un acto de amor propio y cuidado. A medida que sanamos, nos damos cuenta de lo valiosos que somos y de la importancia de rodearnos de personas que nos respeten y valoren. Imagina que tu vida es como una casa, y eres el arquitecto de esa casa. Cuando estabas herido o confundido, es posible que permitieras que personas tóxicas o situaciones negativas entraran a tu vida, con la puerta bien abierta, además. Tal vez lo hiciste porque no te dabas cuenta de tu propio valor, o tal vez fue porque tenías miedo de estar solo. Pero a medida que avanzas en tu proceso de sanación, esa casa comienza a cambiar. Construyes muros más fuertes, estableces límites saludables y te rodeas de personas que te nutren en lugar de drenarte. Esto no es arrogancia; es autenticidad y libertad.

Sabes lo que mereces, y te niegas a conformarte con menos. Este proceso puede ser incómodo al principio, ya que implica dejar ir viejas relaciones y patrones que ya no te sirven. Pero es esencial para tu bienestar. A medida que profundizas en el proceso de sanación y autoconocimiento, te das cuenta de que la vida tranquila y sin dramas que tanto deseas no es un sueño inalcanzable. Es una posibilidad real que puedes crear para ti mismo. No se trata de evitar todos los desafíos o dificultades, sino de desarrollar la fortaleza interna y la sabiduría para lidiar con ellos de manera saludable.

Una parte esencial de la sanación implica la apertura a nuevas experiencias. Cuando nos aventuramos más allá de nuestras fronteras emocionales y exploramos terrenos desconocidos, damos paso a la oportunidad de crecer y sanar de maneras que nunca habríamos imaginado. Conocer nuevas personas que aporten sus perspectivas y experiencias únicas puede ser especialmente enriquecedor. Escuchar sus historias, aprender de sus caminos y conectar con sus vivencias nos permite ver el mundo desde diferentes ángulos y nos brinda la oportunidad de expandir nuestra propia comprensión. No conformarnos con lo que ya tenemos, sino buscar continuamente nuevas experiencias y relaciones, nos desafía a superar nuestros miedos y creencias limitantes. A veces, es el miedo a lo desconocido lo que nos impide avanzar, pero al abrazar la incertidumbre, descubrimos un mundo de posibilidades infinitas que están más allá de nuestra existencia.

A veces, el miedo a lo desconocido se manifiesta como una sombra persistente que se interpone en nuestro camino hacia la sanación. Es comprensible sentir aprehensión ante lo que no podemos prever o controlar, pero es en esta incertidumbre donde se esconde un universo de posibilidades inexploradas que se extienden mucho más allá de los límites de nuestra vida actual.

Imagina la incertidumbre como un lienzo en blanco, esperando ser llenado con los colores y pinceladas de nuestras nuevas experiencias. Al abrazarla, nos damos permiso para soltar las ataduras que nos mantienen anclados al pasado y abrimos la puerta a un mundo lleno de oportunidades y descubrimientos sorprendentes. Cada nueva experiencia es como una pieza del rompecabezas de nuestra sanación. Al conocer nuevas personas y escuchar sus historias, ampliamos nuestros horizontes y desafiamos nuestras creencias arraigadas. Nos encontramos con perspectivas que pueden iluminar aspectos desconocidos de nosotros mismos y nos ayudan a comprender la diversidad del mundo que nos rodea. Las relaciones que cultivamos en este viaje pueden ser especialmente enriquecedoras. A través de la interacción con individuos diversos, descubrimos conexiones que trascienden las barreras del tiempo y el espacio. Nos convertimos en testigos de la riqueza de la experiencia humana y, al mismo tiempo, contribuimos con nuestra propia singularidad al tapiz de la vida. No debemos temer dejar atrás lo conocido, porque es en la transición hacia lo desconocido donde se despiertan nuestros sentidos y nuestra conciencia. Cada paso fuera de nuestra zona de confort nos invita a crecer, a evolucionar y a florecer como seres humanos. Cada conversación y cada relación nueva nos acerca un poco más a la comprensión profunda de quiénes somos y de nuestro lugar en el mundo.

Es por ello que debemos darle una atención especial a la habilidad de aprender a soltar las relaciones actuales que nos mantienen anclados en nuestra zona de comodidad. Esto es especialmente relevante cuando se trata de personas que, consciente o inconscientemente, tratan de convencernos de que la vida más allá de lo conocido es hostil y peligrosa. Nos encontramos con individuos conformistas que pretenden enseñarnos y darnos lecciones basadas en su propia y a menudo monótona vida. Estas personas pueden parecer bien intencionadas, pero su influencia puede ser un obstáculo en nuestro viaje hacia la sanación y la autenticidad. Sus consejos, aunque dados desde el corazón, están teñidos de su miedo a lo desconocido y su resistencia al cambio. Como ya hemos comentado, pueden proyectar sus propias inseguridades y limitaciones en nosotros, limitando así nuestra capacidad de explorar nuevas posibilidades y expandir nuestros horizontes. Cuando nos aferramos a estas relaciones, podemos encontrar que estamos atrapados en un ciclo de complacencia y estancamiento. Nos instan a conformarnos con una vida que quizás no refleje nuestras verdaderas pasiones y deseos. Nos animan a seguir un camino que no resuena con nuestra esencia, simplemente porque es lo que ellos conocen y están cómodos haciendo. Aprender a soltar estas relaciones puede ser uno de los desafíos más significativos en el proceso de sanación y crecimiento. Requiere valentía y una profunda confianza en uno mismo para reconocer que merecemos más, que merecemos una vida que sea auténtica y llena de significado.

Al liberarnos de estas influencias, creamos espacio para conectar con personas que nos inspiran y nos apoyan en nuestro viaje. Personas que, en lugar de intentar limitarnos, nos alientan a explorar lo desconocido y a descubrir nuestra verdadera naturaleza. Para lograr esa transformación profunda que anhelamos en nuestro proceso de sanación y autoconocimiento, es importante atreverse a hacer cosas que nunca antes habíamos considerado. Esto podría implicar un viaje en solitario o una aventura en la que te enfrentes a ti mismo sin distracciones ni influencias externas. También podría incluir salir solo a algún lugar nuevo, aunque no sea lejos, permitiéndote explorar tus propios pensamientos y sentimientos sin la interferencia de otros. O tal vez sea el momento de apuntarte a una nueva actividad, algo que siempre has deseado hacer, pero que nunca te has permitido intentar excusándote por la falta de tiempo.

La idea de viajar por el mundo, por ejemplo, puede parecer una fantasía inalcanzable para muchos. Algunos podrían argumentar que es fácil hablar de estas experiencias cuando no tienes hijos ni responsabilidades importantes. Pueden concluir que no hay posibilidad de exploración más allá de las responsabilidades familiares y laborales, convenciéndose a sí mismos de que están atrapados en una rutina sin escapatoria. Sin embargo, es esencial recordar que la sanación y el autodescubrimiento no están restringidos por las circunstancias externas. Aunque las responsabilidades familiares y laborales pueden parecer limitantes, también pueden ser una fuente de inspiración. En lugar de verlas como obstáculos, podemos aprender a integrar estas responsabilidades en nuestro viaje de transformación. Por ejemplo, un viaje en solitario podría no ser factible para alguien con responsabilidades familiares, pero podría encontrar momentos de soledad y reflexión en su día a día. Una actividad nueva podría no requerir mucho tiempo, pero podría proporcionar un respiro necesario y un sentido renovado de propósito.

La clave radica en adaptar nuestras metas a nuestras circunstancias individuales. No se trata de compararnos con otros que tienen diferentes vidas y oportunidades, sino de comprometernos con nuestro propio viaje dentro de las realidades que enfrentamos. La verdad es que la sanación y el autodescubrimiento no tienen una hoja de ruta única. Cada uno de nosotros tiene nuestro propio camino, y lo que puede parecer una fantasía para algunos puede ser una realidad alcanzable para otros. Lo importante es mantener la mente abierta, estar dispuestos a explorar nuevas experiencias, y recordar que más allá de nuestras responsabilidades y circunstancias actuales siempre hay espacio para el crecimiento y el avance.

Así que, en tu proceso de sanación, sé consciente de dónde te encuentras y de las relaciones que te mantienen anclado en lo familiar y que intentan imponerte su visión limitada del mundo. Valora tu propia intuición y sabiduría interior. Aprende a soltar aquello que no te sirve. En el proceso, te abrirás a un mundo de posibilidades ilimitadas, donde encontrarás la sanación y el autodescubrimiento que buscas, y donde tu vida será verdaderamente tuya para vivirla en libertad y felicidad. A veces, la clave para descubrirte se esconde en la pregunta aparentemente simple de qué nos impide sentirnos bien por completo. La respuesta, aunque sencilla, yace en un lugar que a menudo pasamos por alto: nuestro entorno. Sin percatarnos, dejamos que las complicaciones con la pareja, las tensiones laborales y otros desafíos cotidianos influyan en nuestro bienestar. Este texto no aboga por evadir los problemas, sino por reconocer que cambiar el entorno puede resultar poderosamente beneficioso. No se trata de eludir las dificultades, sino de comprender que, al modificar nuestro entorno, brindamos a nuestra mente la oportunidad de transformarse. Ante nuevos estímulos, nuestra mente se ve forzada a adaptarse, a entablar conversaciones con personas distintas y a trazar planes inexplorados. Este proceso no solo acelera nuestra curación, sino que también la hace más efectiva. Prueba a hacer una lista de todas esas cosas que te resultan difíciles de dejar ir e intenta encontrar el origen a esa resistencia.

La capacidad de cambiar nuestro entorno se convierte así en una herramienta valiosa en la búsqueda de la serenidad. Al sumergirnos en nuevas experiencias, desencadenamos un cambio interno que nos impulsa hacia una sanación más rápida y profunda. Es en la exploración de lo desconocido, en la apertura a lo nuevo, donde encontramos la llave para liberarnos de las ataduras que nos limitan. La vida, como un constante fluir de entornos cambiantes, nos invita a participar activamente en nuestra propia transformación, recordándonos que, a veces, la cura reside en la valentía de cambiar nuestra perspectiva y abrazar lo que está más allá de nuestra zona de confort.

El deseo de sanar se convierte en un compromiso sagrado contigo mismo, donde la autenticidad y la compasión se entrelazan para tejernos de nuevo, más fuertes y sabios tras cada hebra de cicatriz.

Capítulo 17. *Fin del viaje*

Querido lector, has llegado al final, y en este último capítulo te invito a sumergirte en una última conclusión. Cada palabra que has leído ha sido un peldaño en este viaje compartido. Espero que encuentres en esta reflexión un eco significativo para tu propio camino.

En el enigma de la existencia, descubrimos una paradoja intrigante: quienes han atravesado las experiencias más difíciles a menudo son los que más aprecian la vida. Resulta asombroso cómo nuestra naturaleza humana parece activar una resistencia intrínseca solo cuando la vida nos impone obstáculos, en lugar de hacerlo por la simple aspiración de vivir y experimentar la plenitud de cada momento. Esta observación nos invita a reflexionar sobre nuestra programación interna y el modo en que respondemos a las circunstancias. ¿Por qué esperamos a que la vida nos presente desafíos para reconocer su fragilidad y su riqueza? La ironía se revela con mayor claridad cuando contemplamos la intersección entre la adversidad y la apreciación de la vida. En nuestra interacción con el sufrimiento ajeno, surge un momento de lucidez. Observamos a millones de almas alrededor del mundo que no tienen la capacidad de disfrutar plenamente, y experimentamos una fugaz sensación de gratitud al comparar sus luchas con las nuestras. Nos sumergimos en la reflexión y reconocemos que, en la escala de las dificultades, nuestros problemas pueden parecer menos graves.

No obstante, la verdadera contradicción se manifiesta al día siguiente. A pesar de nuestra momentánea claridad y comprensión de la importancia de vivir plenamente, continuamos nuestras rutinas diarias sin implementar cambios significativos. Surge la pregunta: ¿por qué la conciencia de la fragilidad de la vida no se traduce de manera constante en una determinación activa por abrazar cada momento? La respuesta puede encontrarse en la complejidad de nuestra psicología y en la inercia de la rutina. Aunque reconocemos la efímera naturaleza de la existencia, a menudo nos resistimos al cambio. La paradoja persiste en el espacio entre el conocimiento y la acción, entre la comprensión de la importancia de vivir con plenitud y la resistencia a romper con la monotonía.

En este viaje reflexivo, surge la necesidad de transformar la conciencia en una fuerza motriz constante. La apreciación de la vida no debería depender exclusivamente de los desafíos que enfrentamos, sino también de nuestro deseo consciente de vivir de manera auténtica y libre cada instante. Así, en el misterioso tejido de la vida, esto persiste como un recordatorio constante de nuestra dualidad: capaces de extraer valor de la adversidad, pero a veces renuentes a cambiar nuestras vidas, incluso cuando comprendemos la fugacidad del tiempo. La invitación está en trascender la complacencia, integrando la conciencia en una práctica activa que guíe nuestras acciones hacia una vida libre.

Somos nosotros mismos quienes tejemos la trama de nuestras vidas, y es fascinante contemplar cómo el entorno y las influencias pueden moldear nuestra percepción del mundo. Nacer, por ejemplo, en una familia conformista no nos convierte en conformistas ni dicta necesariamente nuestro destino; más bien, somos los arquitectos de nuestras propias fortunas, capaces de desafiar las expectativas y trascender las limitaciones impuestas. El mundo está lleno de personas exitosas a las que se les dijo una y otra vez que no lograrían algo, y decidieron no escuchar.

Imagina la vida como un viaje marítimo. Un barco seguro en la arena simboliza la comodidad y la estabilidad, pero su propósito va más allá de permanecer inmóvil en la seguridad de la orilla. Así también nosotros, como individuos, nos encontramos en la encrucijada entre la familiaridad de la arena y la vastedad desconocida del océano. La seguridad puede ser tentadora, pero nuestra verdadera esencia no se manifiesta en la inmovilidad; está diseñada para surcar las aguas turbulentas. La transformación es una constante. Nos insta a evolucionar a través del tiempo, desprendiéndonos de capas obsoletas de nosotros mismos. Así como un barco se renueva con cada travesía, nosotros también cambiamos hasta el punto en que nuestras versiones anteriores ya no son reconocibles. La capacidad de presentarnos de nuevo, diciendo con convicción «mucho gusto, otra vez», es un testimonio de nuestra capacidad para abrazar el cambio y aprender de cada experiencia.

Reflexionemos ahora sobre las redes sociales, ese espejo digital de nuestras aspiraciones y conformidades. En un mundo saturado de mensajes motivacionales e ideas con miles de *likes* que validan nuestras ideas, ¿no resulta paradójico que la acción tangible a menudo se quede rezagada? Las plataformas se llenan de imágenes que proyectan nuestras aspiraciones, pero la brecha entre el deseo y la ejecución persiste. ¿Acaso estamos atrapados en un ciclo de aceptación virtual que nos impide llevar a cabo nuestras verdaderas metas?

La ironía del tiempo también se revela en nuestra sociedad. Todos hablan de su importancia, pero pocos discuten cómo aprovecharlo de manera significativa. El tiempo, un recurso inmutable, se desliza entre los dedos de aquellos que no lo valoran. Es una moneda que debemos invertir sabiamente, pero a menudo nos encontramos perdidos en la rutina, sin entender completamente qué hacer con este regalo efímero, sumidos en una sensación de vacío que no se llena con nada. Entonces, en este tapiz de reflexiones, se entreteje una verdad universal: somos navegantes en un océano de posibilidades, arquitectos de nuestra propia transformación, actores en un escenario virtual donde la motivación a menudo se queda en el plano de lo digital y custodios de un tiempo que merece ser honrado con acciones significativas. El arte de la vida reside en nuestra capacidad para navegar hacia lo desconocido, abrazar el cambio y otorgarle al tiempo el valor que merece.

En el trasfondo de la existencia, yace la revelación profunda de que todo lo que poseemos, cada logro, cada fragmento de nuestro ser, encuentra su raíz en las experiencias que hemos perdido en el camino. Es una verdad intrigante y, a la vez, esclarecedora, que resuena con la paradoja de que a veces es a través de la pérdida que descubrimos la plenitud. Cada despedida, cada desafío superado, ha sido un capítulo esencial en la narrativa de nuestra vida. Es como si las pérdidas hubieran sido el sustrato fértil en el que han germinado las semillas de nuestro crecimiento y evolución. Al perder, hemos aprendido a valorar; al enfrentar la ausencia, hemos descubierto la fortaleza para construir algo nuevo. En este viaje de pérdidas y ganancias, hemos encontrado riqueza en la contradicción. Lo que inicialmente se presenta como un vacío, se convierte en el espacio donde se gesta la plenitud. Cada pérdida no es solo un adiós, sino una puerta que se cierra para permitir la apertura de nuevas posibilidades, una oportunidad de reinventarnos y de descubrir lo inesperado. La gratitud se entrelaza con la melancolía en este proceso. Cada cosa aprendida es un tributo a la impermanencia de la vida, recordándonos constantemente que la única constante es el cambio. En estas despedidas, hemos encontrado la libertad de soltar lastres y abrazar la ligereza de la transformación.

Así, en el contrasentido de que todo lo que tenemos proviene de lo que hemos perdido, se revela una verdad fundamental: el valor de la pérdida no reside en la carencia, sino en la capacidad de adaptarse y florecer a pesar de ella. Cada objeto que ya no poseemos es un testimonio de la transitoriedad de la posesión, y cada experiencia perdida es una lección que se arraiga en la esencia misma de nuestro ser. En este intrincado laberinto de pérdidas y ganancias, la contradicción se convierte en un eco constante. La renuncia a lo conocido se convierte en la puerta de entrada a lo nuevo y desconocido. Así, todo lo que tenemos es el fruto maduro de las experiencias que hemos soltado, y cada pérdida se convierte en un peldaño en la escalera de nuestro crecimiento personal. Esta revelación no es solo una contemplación filosófica, sino una guía para abrazar la fugacidad de la vida con gratitud y aceptación. En la dialéctica de la pérdida y la ganancia, descubrimos la danza incesante de la vida, donde cada paso hacia adelante se forja en el crisol de lo que hemos dejado atrás.

En el silencio de la reflexión, surge la pregunta resonante: ¿Cuáles son las oportunidades de vida que sientes que se te escaparon entre los dedos del tiempo? Es un viaje introspectivo hacia los rincones más íntimos de nuestra existencia, donde las decisiones tomadas y las oportunidades desaprovechadas danzan en el escenario de la memoria. La vida, como un lienzo en constante evolución, nos presenta encrucijadas donde las elecciones modelan nuestro destino. En el eco de lo que pudo haber sido, yace la melancolía de oportunidades que se volvieron efímeras, como estrellas fugaces que destellan en la noche de los recuerdos. Nos encontramos cara a cara con la dualidad del tiempo, ese eterno equilibrio entre el anhelo del pasado y la incertidumbre del futuro. En el tapiz de la retrospectiva, a menudo descubrimos que las oportunidades perdidas no solo son puertas cerradas, sino también ventanas que se abren hacia la autenticidad. Cada elección, incluso las que parecían equivocadas en su momento, tejió el patrón único de quien somos hoy. Las sombras del ayer moldean la luz del presente, y en ese equilibrio delicado encontramos la esencia de nuestra verdadera naturaleza. Así, en la encrucijada del tiempo, nos damos cuenta de que las oportunidades no son simplemente eventos aislados, sino partes intrínsecas de un viaje continuo. La vida, con su mezcla de éxitos y fracasos, nos invita a abrazar la totalidad de nuestro ser, a aceptar las oportunidades perdidas como parte integral de su efímera danza. La reflexión sobre las oportunidades que se esfumaron nos guía hacia la sabiduría de vivir con autenticidad en el presente. Cada elección, cada oportunidad aprovechada o perdida, es un pincel en la obra maestra en constante creación que es nuestra vida.

Bien, ahora sí, has llegado a las últimas páginas de este libro, un viaje compartido a través de ideas y reflexiones. En esta etapa final, espero que las palabras hayan sido más que simples letras en un papel, que hayan sido hilos que tejieron conexiones con tu propio viaje interior.

Cada capítulo fue un peldaño en la escalera de la comprensión, un faro que iluminó rincones de tu pensamiento. Ahora, en este punto culminante, te invito a reflexionar sobre el viaje que hemos emprendido juntos. ¿Cómo se han entrelazado estas ideas con tus experiencias? ¿Han despertado nuevas perspectivas o reforzado convicciones arraigadas?

La culminación de un libro no marca el final, sino un nuevo comienzo. Es el inicio de una conversación interna que continúa más allá de las páginas impresas. ¿Qué semillas plantadas en estas reflexiones germinarán en tu día a día? ¿Cómo resonarán en tus elecciones y acciones?

Esta obra, con sus palabras entrelazadas, ha sido una compañera de pensamientos. Pero la verdadera esencia radica en cómo estas ideas se traducen en tu propia narrativa vital. En este momento de pausa, observa la amalgama de aprendizajes que has acumulado y contempla cómo moldean la forma en que encaras no solo el futuro, sino también el presente inmediato.

Mientras cierras estas páginas, no pienses en ello como el fin, sino como un punto de inflexión. Las reflexiones finales no son solo palabras escritas; son semillas de posibilidades, de cambios, de crecimiento. El verdadero valor de este libro se revela no solo en lo que has leído, sino en cómo resonará en las decisiones que tomes, en las perspectivas que adoptes y en la narrativa que continúes escribiendo en las páginas de tu propia vida.

Así que, si este libro ha sido un faro en tu travesía y te encuentras en el ahora, ¿cambiarías algo de tu vida?

Dime, ¿qué (no) ocurrirá mañana?